LE KARATÉ EST UN ÉTAT D'ESPRIT

Du même auteur
chez Sonatine Éditions

Nu dans le jardin d'Éden, traduit de l'anglais (États-Unis) par Patrick Raynal, 2013.
Les Portes de l'enfer, traduit de l'anglais (États-Unis) par Patrick Raynal, 2015.

Harry Crews

LE KARATÉ EST UN ÉTAT D'ESPRIT

Traduit de l'anglais (États-Unis)
par Patrick Raynal

SONATINE ÉDITIONS

Ouvrage publié sur les conseils de Patrick Raynal

Directeur de collection : Arnaud Hofmarcher
Coordination éditoriale : Marie Misandeau et Hubert Robin

Titre original : *Karate is a Thing of the Spirit*
Éditeur original : Quill, New York

Sonatine Éditions
32, rue Washington
75008 Paris
lisezsonatine.com

Ouvrage réalisé par Cursives à Paris

ISBN 978-2-35584-506-2
N° d'édition : 506 – Dépôt légal : juin 2019

NOTE DE L'AUTEUR

Ceci est une œuvre d'imagination. Aucune méthode particulière de karaté n'a été décrite dans ce roman. Ce qui est décrit ici est le karaté comme manifeste dans la vie de personnages spécifiques dans une action spécifique. Je respecte l'ancestrale et honorable manière de vivre connue sous le nom de karaté et l'emploi que j'ai fait ici du karaté n'est que celui qu'un romancier fait de n'importe quel sujet qu'il s'approprie.

Te souviens-tu de la moto et de ce dimanche sanglant ?
Te souviens-tu du club Mandray ?
Te souviens-tu de cette magnifique danseuse noire ?
Te souviens-tu qu'elle pouvait tout croire sauf ma voix ?
(Tu as la Géorgie dans la bouche.)
Te souviens-tu de Ben Roark ?
Te souviens-tu de Keith Shaver ?
Moi, je m'en souviens.
Où que tu sois, je m'en souviens, avec affection.

1

À cette distance, ça ressemblait aux aboiements d'un chien. Le son rauque lui arrivait à intervalles réguliers par-dessus le sable de la plage. C'était le seul bruit audible. Elle marchait depuis presque une heure : plein nord sur l'US 1, puis est sur Andrew Johnson en direction de Hollywood Beach, au milieu des retraités et de leurs épouses tannés par le soleil, bedonnants, équipés de visières pare-soleil, tartinés de crème solaire Coppertone ou d'huile pour bébé Johnson, entre leurs chaises de plage, leurs parasols, leurs couvertures et le vagissement de leurs transistors, leurs visages parcheminés louchant dans sa direction, les yeux roulant pour mieux la suivre, doutant de sa présence bien qu'ils la voient presque chaque matin, sachant qu'elle était une arme mortelle et qu'elle enseignait gentiment l'art de tuer.

Ensuite, après avoir laissé les vieux – étendus, desséchés et mourants sur leurs serviettes de plage individuelles –, elle suivait le nord de la plage après Dania, après la jetée de pêche municipale, pour finir sur la portion déserte et boisée au sud de Fort Lauderdale connue sous le nom de Niggerbeach – la plage des nègres – avant que les cours fédérales n'éclairent la ville. Maintenant, c'était juste une étendue de rien du tout. Des dunes mobiles décorées de canettes de Budweiser et de Schlitz et de bouteilles de Sprite, un endroit où les lycéens venaient régulièrement faire courir leurs buggies et peloter leurs copines gloussantes au milieu des pins australiens rabougris et tordus par le vent.

Et, jalonnant la plage comme des bunkers abandonnés sur un champ de bataille, les *meatracks*[1] pour homosexuels. C'étaient de petits nids fabriqués à partir de branches mortes, de bois flotté et de pièces d'automobiles (les buggies explosaient souvent en plein élan ou emboutissaient un arbre). Tous les jours de la semaine on pouvait découvrir, au fond d'un de ces nids, un homo mince et nu, doré et solitaire, rêvant d'amour.

Cet endroit – cette plage – était à tout le monde vu qu'il n'était à personne. Un jour, un grand South Florida Hotel avec un hall aussi vaste que le harem d'un prince oriental se dresserait sur cette étendue de terre. Mais pour le moment, elle était abandonnée et oubliée.

Elle marchait donc à enjambées régulières, cette fille blonde et mince, bien faite, avec ses longues jambes parfaitement dessinées et ses mollets athlétiques. Elle marchait la tête tournée vers la mer, l'oreille tendue en direction de cet aboiement régulier qui se faisait de plus en plus fort. Elle marchait toujours le visage légèrement de biais car elle était totalement sourde de l'oreille gauche après que son tympan eut été éclaté par un coup de pied circulaire parfaitement exécuté au cours des premières secondes d'un tournoi de karaté à Atlanta, en Géorgie.

Tout l'intérieur de sa tête avait résonné comme un clocher, mais elle avait continué à se battre pour la victoire, réussissant à réduire le coup de pied de son adversaire en une bouillie

1. Littéralement : présentoirs à viande. (*Toutes les notes sont du traducteur.*)

sanglante. Performance qui lui avait valu le droit de donner des leçons privées au dojo, dans la salle du maître.

Là, à une cinquantaine de mètres, à côté d'un pin australien dépouillé par la mer et rendu couleur de sel par le sable et le vent, elle vit un homme debout sur le bord d'un *meatrack*. Il lui tournait le dos. Mince, très bronzé, il portait un maillot de bain noir en nylon.

Il avait l'air d'une planche anatomique vivante. Son corps huilé et frémissant était comme un chatoiement sous le soleil. Il se tourna et elle vit son visage. Son regard plongeait au fond du trou et semblait infiniment affectueux. Il avait les sourcils dorés. Il accrocha ses deux pouces de part et d'autre du maillot de bain et les fit lentement glisser le long de ses hanches, il descendit dans le nid hors de sa vue derrière la porte à rayures multicolores d'un buggy abandonné.

Mais c'est à peine si elle remarqua l'homme disparaître dans le nid. Elle pouvait maintenant voir le maître, et son aboiement explosif et rude avait déjà atteint la corde sensible qui oblitérait le monde en elle. Il était à présent au centre de son cœur. Elle n'avait plus ni vision ni sentiment périphériques. Elle sentait son corps implorer le contact. Elle le regardait avec un amour bien au-delà de la fierté, au-delà de tout ce que sa mère (bien résolue à la voir un jour descendre le long podium de Miami Beach pendant que Bert Parks[1] chanterait « *There she is, Miss America* ») avait rêvé pour ce corps fantastique.

Elle pouvait maintenant tous les voir. Ils étaient alignés sur la plage, neuf élèves sur une seule rangée devant le maître. Il était agenouillé face à eux. Entre ses genoux, une pile de pierres.

1. Bert Parks (1914-1992) : chanteur spécialisé dans l'animation des concours de beauté.

C'était le matin, le soleil n'était pas encore très haut, mais l'air vibrait déjà de la chaleur de l'été.

Tous, y compris le maître, avaient ôté le haut de leur kimono et n'étaient vêtus que de leur pantalon blanc flottant, attaché par le double nœud de leur ceinture de karaté. Alignés par grades, il y avait une ceinture pourpre, deux bleues, deux vertes et quatre jaunes. Celle du maître était noire.

Les élèves allaient accomplir les mouvements formels, ritualisés, du Kata céleste. Le maître cassait des pierres. Chaque fois qu'il en frappait une, il poussait un *kiai*. Et chaque fois que le son du farouche *kiai* – le féroce et soudain rugissement du karatéka – jaillissait de sa gorge, ses disciples, immobiles et synchrones comme des machines, exécutaient l'un des cent *tomoe-zuki* du Kata céleste. Et, sans exception, les pierres se fendaient proprement.

Elle avança droit vers eux et vint se tenir derrière le maître. Il ne lui adressa pas la parole, pas plus qu'aucun des élèves ne suivit ses mouvements. Aucun ne cilla. On leur avait enseigné que lorsque deux karatékas s'engageaient dans un combat à mort, le premier qui cillait était mort. Par conséquent, pendant les katas et les *kumite*, ils s'efforçaient de ne pas ciller.

Leurs yeux étaient vitreux comme ceux des aveugles. Leurs visages vidés de leurs couleurs. Leurs bouches relâchées. Des filets de salive pendaient du menton du ceinture pourpre. L'aboiement rauque continuait à résonner, sans jamais hésiter. Et les neuf élèves, comme si leurs corps étaient manipulés par le *kiai* du maître rebondissant contre le mur desséché des pins australiens, ne manquaient pas non plus un mouvement.

Le kata s'acheva, la dernière brique fendue, le dernier coup porté. Ils se tenaient tous figés dans le soleil. Le maître s'assit en position *seiza*. Les mains enflées ouvertes sur ses genoux. Son visage était paisible. Il semblait sur le point de sourire.

« *Rai!* » cria-t-il.

Les élèves se courbèrent avec raideur, puis reprirent leur position immobile, les poings serrés devant eux. On aurait dit qu'ils ne respiraient pas. Elle savait que certains d'entre eux pouvaient même cesser de penser, ne plus savoir où ils étaient. Voire qui ils étaient.

Ils étaient là avant que le soleil ne commence à s'élever au-dessus des eaux miroitantes de l'océan. Maintenant qu'ils en avaient fini avec le kata, ils s'autorisaient à cligner des yeux rapidement. Mais ce n'était que pur réflexe. Ils n'avaient aucune conscience de leurs yeux cuisants, pas plus qu'ils n'avaient conscience de leurs muscles engourdis ou de leurs pieds en sang.

Le karaté les emplissait tout entiers. Il n'y avait de place pour rien d'autre. Leurs cœurs pompaient des images de Bodhidharma, le moine légendaire qui avait apporté le karaté des Indes à la Chine à travers l'Himalaya.

Mais comme tous les bons moines du monde, se dit-elle, le test le plus dur restait à venir. Et c'était le moment.

Elle fit un pas en avant et ôta le haut jaune de son bikini. Ses seins jaillirent, libres au soleil. Ses mamelons – couleur de sucre brun – frémirent. Ils se dressaient à angle droit de sa cage thoracique. Pas un œil n'avait bougé. Elle se tourna et s'enfonça jusqu'aux genoux dans l'océan sans vague, se pencha et fit couler de l'eau salée sur ses épaules. L'eau convergea entre ses seins hauts et fermes et courut entre les plis des muscles de son ventre jusqu'au triangle jaune du maillot de bain. D'un unique mouvement fluide, elle se débarrassa du bikini et se retrouva nue. Les poils de son bas-ventre étaient épais, bouclés et blonds.

Elle remonta sur le sable et laissa tomber le haut et le bas de son bikini juste derrière le maître. Il était toujours dans la même position, les mains maintenant plus épaisses, plus enflées. Elle ne lui jeta pas un coup d'œil. Elle se déplaçait lentement devant les élèves. Des gouttes d'eau salée accrochaient le soleil et le faisaient briller sur sa peau.

Elle était juste en train de tourner au bout de la rangée quand elle vit le mouvement. C'était à peine un mouvement : une brève palpitation de paupière, la petite glissade d'un œil bleu vers elle, un coup d'œil bleu et désespéré vers ses tétons gonflés.

Mais c'était suffisant. Elle avait vu. Et l'élève, un des ceintures jaunes, vit qu'elle avait vu. Ensuite, son humiliation fut complète : son regard, évident et plein d'une infinie tristesse, tomba sur la touffe triangulaire de poils dorés.

Elle lui expédia un coup de pied au sternum. Elle poussa un *kiai* et, d'où elle se tenait, d'un simple mouvement circulaire, elle le chopa au milieu du torse de son talon d'acier. Il accusa le coup. Tomba sur un genou, mais se releva. Son œil droit s'injecta de sang. Il s'inclina devant elle.

Le maître n'avait pas regardé. Ses yeux étaient perdus quelque part, à mi-distance, ses mains, molles mais enflées, reposant sur ses genoux. Elle sourit. L'élève ferma et rouvrit rapidement son œil rouge sang. L'œil pleurait abondamment. Elle attendit qu'il le refermât – jusqu'à ce qu'elle sût qu'il n'avait plus de vision stéréoscopique –, et elle lui balança un coup de pied analogue à celui avec lequel elle l'avait déjà touché, un coup de pied circulaire en revers qui se porte avec le talon. Mais alors qu'elle amorçait son mouvement, l'œil injecté se rouvrit ; l'élève se laissa tomber en *nekoashi dachi* – une position d'attaque – et attendit calmement qu'elle lui expose son dos au meilleur moment pour frapper.

Il la toucha en haut des côtes d'un coup de pied fouetté. Quand il retomba en position d'attaque, il avait laissé l'empreinte de ses cinq orteils sur sa peau. Une demi-lune de sang apparut là où l'ongle de son gros orteil avait glissé contre une côte. Il sourit. Des larmes coulaient de son œil blessé. Elle le salua. Mais son sourire s'était effacé. Ses lèvres minces étaient d'un bleu de glace.

« *Rai !* » cria le maître.

Le jeune homme et elle se saluèrent. Elle ramassa son bas de maillot et se glissa dedans. Personne ne broncha quand elle remit sa poitrine frémissante dans son haut jaune et le rattacha dans son dos.

Le maître étira le cou et cria : « Préparez-vous pour le *kumite* ! »

Quatre élèves s'avancèrent, se tournèrent et firent face à quatre autres. La fille se tenait toujours debout face au ceinture jaune qu'elle avait frappé. Il la suivait de l'œil.

« Aux pierres ! »

Ils se tournèrent et, deux par deux, descendirent en trottinant vers le sable. Le maître ne les accompagna pas. Il se dressa – sans raideur, mais plutôt comme un ressort s'étire –, secoua ses jambes, balança ses bras et fit rouler sa tête. À une vingtaine de mètres s'élevait une grande tour faite de contreplaqué et de tuyaux. Elle était peinte en rouge. Il se dirigea vers elle, grimpa jusqu'au sommet et s'assit. Autrefois, la tour avait appartenu à un maître nageur noir pour surveiller un troupeau de gens noirs qui prenaient le soleil sur la plage ou flottaient comme des phoques à la surface de l'eau bleue. Mais ils étaient maintenant partis. Et ils ne reviendraient jamais.

Le poste de sauvetage était solide (il avait survécu à plusieurs collisions directes de buggies menés férocement en pleine nuit). Du sommet, le maître pouvait voir ses élèves maintenant alignés le long d'énormes rochers, quelques-uns pesant plus de cinquante tonnes, qui formaient la jetée sud de Port Everglades, le port le plus profond de Floride.

Un immense et luxueux bateau blanc de la Cunard Line quittait à peine Fort Lauderdale, fonçant à toute vapeur suivi par des remorqueurs et des bateaux-pompes. Le son des sirènes des remorqueurs retentissait dans l'air et les grands jets d'eau des bateaux-pompes flottaient comme de longs rubans contre le ciel.

Dans un brusque effort de volonté, le maître se concentra sur ses élèves, éliminant de son champ de vision le paquebot blanc et les bateaux suiveurs, sous le soleil où ils se faisaient face en position de combat sur le plus haut sommet des rochers de granit.

Le maître inspira profondément. « *Adshumi!* » Il contracta son diaphragme et le mot – le signal de commencer le combat – jaillit de sa gorge au-dessus des rochers comme la détonation d'un flingue.

La fille, qui se tenait le plus loin du maître, fut la première à réagir. Par orgueil – elle le reconnut, tout en se haïssant pour cela –, par orgueil, parce qu'elle l'avait raté la première fois, elle balança à nouveau son coup de pied circulaire en revers. Cette fois, le garçon s'obligea à encaisser sans esquiver ni broncher. De toute façon, il n'avait aucune chance contre elle. La ceinture marron qui ne ceignait pas ses hanches lisses et nues, mais qui pendait dans sa chambre au dojo, l'avait déjà impressionné. Mais ça ne l'avait pas empêché d'essayer, du moins en partie, de bloquer le coup de pied. Il devait prendre ce coup – il en avait l'obligation – parce qu'il ne pouvait oublier l'émouvant frémissement de ses tétons bruns ni l'éclat doré de son bas-ventre.

Pour la première fois, le steamer de la Cunard Line répondit aux sirènes des remorqueurs et aux vaporisations des bateaux-pompes. Une valve s'ouvrit au sommet de la grande cheminée rouge et noir du paquebot et son sifflet – bas comme une plainte – retentit dans l'air.

2

Le garçon ouvrit les yeux, sortit la tête de la couverture pleine de sable et regarda à travers les grosses branches crayeuses d'un pin australien. Sous lui, le sol semblait vibrer. Il cligna et s'enveloppa plus étroitement dans la mince couverture rugueuse. Puis il se rendit compte que ce n'était pas le sol, mais un son affreux et interminable qui lui secouait le crâne. Il avait dormi sur une canette de bière partiellement enfouie et son cou lui fit un mal de chien quand il tourna la tête en direction du bruit.

Il vit une fille dorée qui, de loin, semblait nue, donner un coup de pied droit dans les couilles d'un garçon portant ce qui semblait être un bas de pyjama blanc. Le garçon tomba à terre et la fille le toucha au cou avec son coude. Un bateau – bien trop grand pour être réel – leur servait d'arrière-plan. Il avait l'air suspendu sur l'océan plat. Des gens étaient alignés contre le bastingage du pont supérieur. Quelques-uns portaient des chapeaux coniques en papier et tenaient des verres de champagne à long pied.

Il se dégagea de la couverture militaire, se mit à genoux et secoua vigoureusement la tête. Il pressa ses phalanges contre ses yeux et les frotta. Et puis il se tourna – délibérément, lentement –, et porta son regard dans l'autre direction, en bas de la plage. À moins d'une centaine de mètres, un homme émergeait de derrière un vieux tacot à rayures. Il était nu.

Le garçon se releva et, d'un coup de pied, se débarrassa de la couverture. En guise d'oreiller, il s'était servi d'une pile de livres. C'étaient de vieux livres, dont la reliure était cassée et leurs pages jaunes éparpillées sur le sable. Il sortit du bosquet en courant. Il portait un pantalon en denim, des tongs et un tricot bleu avec le portrait de William Faulkner imprimé dans le dos. Ses cheveux, bruns et frisés, lui arrivaient aux épaules. Mais la barbe épaisse qui lui montait presque jusqu'aux yeux était rousse. Il piqua un sprint jusqu'à l'océan et s'aspergea le visage. Cette fois, quand il regarda autour de lui, il vit des gens qui se battaient sur la jetée.

Un... deux... quatre... quatre combats faisaient rage sur un rocher de granit, et sur un autre, les corps sautaient, s'agitaient, tombaient, glissaient. Le cinquième combat – celui du bout de la jetée – était apparemment terminé. Un garçon gisait, les bras en croix, sur un rocher de granit noir. La fille se tenait au-dessus de lui.

« Putain, dit-il. Pour une gonzesse, elle est plutôt coriace. »

Alors qu'il tournait la tête, il vit l'homme au sommet de la tour. On aurait dit un bloc de béton qu'on aurait mis à sécher. Il avait une bouche à bouffer des clous et ses yeux ne semblaient pas avoir de paupières. Le garçon sut tout de suite que le type de la tour avait un rapport direct avec ce qui se passait sur les rochers. Ça ne pouvait pas être autrement.

Il s'approcha de la tour. L'homme avait l'air de taille et de corpulence moyennes, mais ses mains étaient les plus grosses qu'il eût jamais vues de sa vie. Elles étaient rouge vif et reposaient sur ses genoux, l'une sur l'autre, paumes vers le haut, juste en dessous de sa ceinture noire. Elles avaient l'air détachées, indépendantes de leur propriétaire, comme deux paquets rouges et enflés qu'un étranger lui aurait mis sur les genoux en lui demandant de les garder.

Plus bas, sur la plage, deux types apparurent au bord d'un nid. Ils portaient tous les deux des maillots de bain noir en nylon. Ils ondulaient vers lui. Ils se tenaient par la main.

Dans l'eau, le bateau à vapeur blanc, qui ne paraissait pas bouger, avait atteint la haute mer. Les remorqueurs regagnaient le port. Un bateau-pompe s'était approché de la jetée et avait braqué son canon vers le ciel de façon que la brume d'eau qui en sortait retombât sur les combattants comme une pluie battante.

Il était maintenant à un pas ou deux de la tour.

« Cet imbécile ne devrait pas faire ça, dit-il sans regarder l'homme au-dessus de lui. Moi, s'il m'arrosait comme ça, sûr qu'il m'expédierait droit dans l'Atlantique. »

Le bateau-pompe s'était encore approché, le jet du canon à eau s'était abaissé et il était maintenant dangereusement près de ceux qui continuaient à combattre. Le type qui le manœuvrait et qui, un peu plus tôt, rigolait en agitant son casque, ne rigolait plus du tout maintenant. Le casque rejeté en arrière, le visage grimaçant, il s'accrochait des deux mains aux commandes du jet d'eau. Les autres pompiers se tenaient en silence derrière lui. Ils fixaient tous la fille. Elle tenait le garçon allongé par les chevilles et lui frappait la plante des pieds du tranchant de sa main.

« J'espère qu'il va éperonner ces rochers et couler son bateau », dit le jeune homme aux cheveux longs.

Il lança un regard vers l'homme sur la tour. Son visage s'était transformé en ce qui devait être de l'extase, mais il ne souriait ni ne clignait des yeux. Il n'avait jamais rien vu de semblable. Il était sûr que c'était une grande joie qu'il lisait sur le visage de cet homme, mais il n'était pas convaincu que ça ne soit pas non plus autre chose. Sans un sourire, le regard fixe et les paupières figées, ça aurait pu être de la fureur, la forme la plus extrême de l'indignation. Il avait vraiment une bouche à bouffer des clous, ou quelque chose de pire.

Il entendit un fredonnement derrière lui. C'étaient les deux types en maillots de bain noirs. Ils se tenaient très près l'un de l'autre, leurs hanches se frôlaient. Ils souriaient. L'un des deux leva la main et, du doigt, lui fit signe de s'approcher.

Il s'éloigna d'eux. Il ne les avait jamais vus avant aujourd'hui, mais il savait tout d'eux. Et il n'avait pas fait tout ce chemin pour se retrouver mêlé à quelque chose qu'il connaissait par cœur. Il se contenta de les regarder. Ils gloussèrent.

« Pourquoi vous ne retournez pas à votre YMCA[1], les gars ? demanda-t-il.

– C'est un addict du calme, fit le type aux sourcils dorés.

– Qui ?

– Lui, dit-il en désignant la tour du doigt.

– Je ne crois pas en avoir jamais connu », dit le jeune homme.

De la tour au-dessus de lui jaillit le son de bois brisé et l'aboiement retentissant du *kiai*. Le jeune homme se baissa et se tourna pour regarder. L'homme était debout. Il semblait frémir de tout son corps.

Il avait transpercé de la main droite la paroi en contreplaqué de la tour. Deux de ses ongles saignaient, mais il ne regardait pas sa main, pas plus qu'il ne la retirait. Il la laissait à travers le bois

1. YMCA : *Young Men's Christian Association*. Association et ONG chrétienne qui se bat pour une justice sociale pour tous.

éclaté et fixait d'un regard perçant le bout de la jetée où la fille avait saisi le garçon par les cheveux.

Un cri jaillit de la gorge des hommes sur le bateau-pompe. Un cri qui ressemblait bizarrement à un encouragement. Mais celui qui contrôlait le canon à eau s'arracha le casque de la tête, le jeta sur le pont et se mit à le piétiner des deux pieds. Il avait l'air hors de lui. Il s'empara à nouveau des commandes du canon, braqua l'embout vers le bas et expédia un jet directement sur la fille qui, sous la force de l'eau, fut balayée comme une feuille de la jetée et balancée directement dans l'océan paisible, aussi calme qu'une mare.

Elle coula. Puis refit surface. Puis coula de nouveau. Elle émergea à nouveau et secoua la tête. Ses longs cheveux blonds fouettèrent son visage. Elle se mit à nager lentement vers les rochers et, tout aussi lentement, sortit de l'eau.

« D'où viens-tu, mon mignon ? demanda l'un des hommes.

– De là où on ne m'appelle pas "mon mignon", répondit le jeune homme.

– Dis, t'es pas toi aussi un addict du calme, si ?

– Disons que je ne suis pas un addict de la bite, surtout.

– Pas besoin d'être désagréable », dit le type.

L'homme de la tour retira sa main de la planche en contreplaqué. Ils se tournèrent, pas pour le voir lui, mais pour voir sa main. Elle portait de longues balafres sur le dessus, et ressemblait à un énorme cœur rouge en train de battre.

« *Rai !* » cria-t-il.

Et là-bas, sur les rochers, la fille en position d'attaque s'inclina brièvement et trotta en direction du rivage. Les autres combattants s'inclinèrent également et s'égaillèrent dans les rochers.

Les pompiers applaudirent. Le bateau-pompe lança un coup de sifflet et se détourna pour reprendre sa route vers le port.

« Un sacré morceau, cette fille, dit le jeune homme.

– Mais pas commode, compléta l'homme.

– Tu la connais ?

– Elle était Miss Torch de Floride du Sud l'an passé.

– Mais ça, intervint celui aux sourcils dorés, c'était avant qu'elle n'abandonne tout pour le calme.

– Elle pourrait tout à fait me calmer, reprit le jeune homme.

– Laisse tomber. C'est une arme. »

L'homme à la ceinture noire sauta de la tour et trottina vers la jetée. Ses élèves, le dos raide, les yeux vides et fixes, étaient déjà alignés et l'attendaient. Tous sauf un. Le ceinture jaune que la fille avait combattu était toujours sur le rocher. Il s'était débrouillé pour se mettre sur les mains et les genoux. Il rampait vers le rivage. Personne ne le regardait, pas même le maître. Mais ils attendaient tous.

« Je ne crois pas qu'il va y arriver, dit le jeune homme qui regardait la scène en même temps que les deux types.

– S'il n'y arrive pas, ils iront le chercher.

– Pourquoi ils n'y vont pas tout de suite ?

– Il bouge, fit l'un des deux. Ils n'iront pas tant qu'il bouge.

– Seigneur, ça peut lui prendre des heures pour quitter les rochers en rampant comme ça.

– Alors ils attendront des heures, reprit le premier. Quatre heures, c'est que dalle pour un addict du calme. »

3

Ils n'attendirent pas quatre heures, mais plus longtemps que ce à quoi le jeune homme les aurait cru capables. Ils se tenaient debout alignés sur la plage, au pied des rochers, alors que le soleil se déplaçant au-dessus d'eux étirait leur ombre d'est en ouest sur le sable.

Le jeune homme était assis à l'ombre de la tour de garde et discutait avec les deux tantes de William Faulkner et d'huile bronzante.

« Tu sors de ce pull et je vais te frotter avec du beurre de cacao », dit George. Ils s'étaient présentés pendant l'interminable reptation du garçon.

« Tu as besoin de beurre de cacao, même sous ce pull.

– Bon sang, dit John Kaimon en se tirant la barbe à deux mains.

– Ou bien je peux t'enduire de crème, continua Marvin. Tu ne peux pas faire confiance à ce pull pour te protéger d'un soleil comme celui-là. »

Comme s'il s'agissait d'un signal, tous trois levèrent la tête et plissèrent les yeux à la vue de ce soleil éblouissant. Puis leurs regards retombèrent lentement sur le garçon qui luttait au sommet d'un énorme rocher, chancelant un instant avant de glisser et de disparaître. Pendant un long moment, ils fixèrent l'endroit où il avait disparu. Une mouette solitaire planait sans fin sous le soleil. Aucun bruit ne leur parvenait dans l'ombre chaude où ils étaient assis. La mer s'étirait à l'horizon comme une feuille de plastique peinte. À la lisière de l'eau, les neuf hommes et la fille se tenaient debout, luisants de sueur.

Finalement, deux mains blanches apparurent sur le bord d'un rocher sombre, puis une tête, et puis le garçon tout entier, toujours blessé, toujours sur les genoux, toujours rampant.

« C'est Beethoven ? demanda Marvin.

– Quoi ? » s'irrita John Kaimon.

Il était très nerveux. Son cœur battait violemment. Il n'avait encore jamais vu une chose pareille, ni au Mississippi ni ailleurs.

« La tête sur ton pull. Est-ce que c'est Beethoven ?

– Pas du tout.

– Je pensais que c'était Beethoven, insista Marvin. J'ai le même à la maison. Le mien c'est un Beethoven.

– T'en as certainement pas un comme celui-là, dit John Kaimon. Je l'ai fait moi-même à l'université du Mississippi. C'est la tête de William Faulkner.

– C'est très beau, dit George.

– C'est qui, William Faulkner ? » demanda Marvin.

Furieux, George se tourna vers Marvin.

« Essayer de draguer avec toi dans le coin, c'est comme essayer de nager avec un calcif en plomb. Bon Dieu, j'aimerais vraiment que tu sois un peu plus cultivé.

– Ne commence pas à être vache, George, dit Marvin. Il n'est même pas midi. »

George se colla au jeune homme. « *Sanctuaire* ! » Il sifflait le mot comme un serpent. « *Sanctuaire* ! »

John Kaimon se leva d'un bond.

« Regardez, cria-t-il, le salopard est sur ses pieds. »

Sur les rochers, le ceinture jaune titubait sur ses jambes flageolantes. Ses genoux fléchissaient vers l'intérieur.

« Il va y arriver ! cria à nouveau John Kaimon. Il va se dégager de ce putain de rocher. »

George attrapa John Kaimon par le bas de son pull. « J'adore Faulkner, sifflait-il, le visage déformé comme s'il avait mal. J'ai toujours adoré Faulkner. »

Des deux mains, il fit passer le pull par-dessus la tête de John Kaimon. Et John Kaimon, la tête maintenant encapuchonnée, la voix étouffée, tirait et se démenait pour se libérer.

Marvin lui sauta sur le dos avec un tube de beurre de cacao et se mit à l'étaler sur la peau blanche et parsemée de taches de rousseur. John Kaimon se laissa tomber. Marvin lui tomba dessus, et George sur Marvin. John Kaimon se mit à rouler sans s'arrêter, le sable collant à son dos huileux. Il réussit enfin à dégager sa tête du pull et se remit sur ses pieds.

Les deux tantes, étendues sur le sable, le regardaient. Marvin brandissait devant lui le tube de crème en un curieux geste de défense.

« Nom de Dieu, Marvin, tu es tellement grossier », dit George. Il avait l'air dégoûté. Marvin, lui, semblait honteux.

John Kaimon leva les bras et lança un appel aux cieux. « Écoutez, grogna-t-il, vous voulez m'étaler de la crème ? Allez-y. Vous croyez que j'en ai quelque chose à foutre ? Vous pensez que j'ai le temps de me soucier de ça ? Sucez, léchez, avalez, si c'est ça qui vous fait plaisir. »

George et Marvin, toujours sur le sable, en restèrent babas.

« J'ai traîné ma bosse dans tous les coins de ce pays, continua John Kaimon. J'ai mis mon nez dans des tas de choses. » Sa voix s'était faite plus calme. « Bien plus que je ne pourrais vous en dire. » Il jeta un coup d'œil par-dessus son épaule au garçon blessé qui titubait sur la jetée avant de reporter son regard sur George et Marvin.

« Je vous ai essayés, dit-il, je vous ai déjà essayés.

– T'es cinglé, dit George d'une voix respectueuse, mais je m'en fous. J'aime toujours Faulkner. J'aime toujours *Sanctuaire*. Et je t'aime aussi. Je le sais.

– J'ai essayé l'amour, reprit le jeune homme. J'ai déjà essayé. Et tu es vraiment dans le pétrin, George. »

Il se retourna et courut sur le sable en direction de la jetée. Derrière lui, George enfouissait son visage dans le pull. Marvin l'appela, une fois, faiblement, avant de se recoucher dans le sable. Le jeune homme ne regarda pas en arrière, mais il courut droit vers l'endroit où se tenaient l'homme à la ceinture noire et ses élèves. Il en avait assez vu pour savoir qu'il voulait en voir davantage.

« J'ai tout vu », dit John Kaimon. Il était face à l'homme à la ceinture noire. Mais il avait beau essayer, il ne pouvait détacher les yeux de ses énormes mains sanglantes. Ça n'avait du reste pas beaucoup d'importance car l'homme ne le regardait pas. Il ne regardait rien du tout. Son regard était perdu dans le vague.

« Je sais que vous ne regardez pas, finit par dire John Kaimon. Je sais qu'aucun de vous ne regarde, alors je vais vous le dire – il est en train d'y arriver. D'y arriver pour de bon. Il a rampé pendant un moment, mais il est maintenant sur ses pieds. Un peu tremblant, mais sur ses pieds. Et il marche. »

Pendant qu'il parlait, il montrait du doigt la jetée où le ceinture jaune blessé titubait. John Kaimon parcourut dans les deux sens la rangée des élèves, les regardant chacun dans les yeux. Il regarda plus longtemps et plus intensément le visage de la fille, se disant qu'il allait découvrir qu'elle n'était qu'une blague, qu'elle n'était pas réelle, que dans une minute ils allaient tous se mettre à rire et se comporter normalement. Mais son visage était vide. Vide. Il était encore plus dépourvu d'expression que celui de l'homme à la ceinture noire. Ce qui rendit John Kaimon furieux.

« Il titube, mais je parie qu'il va y arriver s'il ne tombe pas dans l'océan pour s'y noyer. » Derrière lui, le ceinture jaune continuait à chanceler sur les rochers. « Vous pouvez être fiers de lui. Si vous preniez la peine de regarder, vous seriez fiers de lui. Il ne lui reste plus qu'un rocher à franchir. Encore un. Il monte... monte... monte. Mais maintenant il glisse... glisse... *Merde !* »

N'y tenant plus, il se précipita vers le garçon. Le premier rocher fut affreux à franchir. John Kaimon fonçait. C'était comme s'il essayait de sauver quelqu'un d'un bâtiment en feu. Il se coupa les mains sur le rocher. Ses pieds glissèrent et il s'ouvrit le genou droit. Incrédule, il regarda son sang couler le long de son tibia à travers le trou de son pantalon. Il toucha son sang. Il était gluant.

Soudain, le garçon blessé apparut au-dessus de lui. Il leva les yeux, le ceinture jaune était là, au sommet du rocher, comme appuyé contre le bleu étincelant du ciel. Et puis le ceinture jaune fit un pas dans le vide et, ripant sur le rocher, vint atterrir dans ses bras. Il le redressa. Ils étaient collés, l'un luisant d'un mélange de sueur et de sang, l'autre luisant de beurre de cacao. Ils firent ensemble le tour du rocher et s'avancèrent sur la bande de sable où se tenaient l'homme et ses élèves.

« Je sais qu'il aurait pu y arriver, dit John Kaimon. Il le sait et vous le savez et moi aussi. *Tout seul !* » Il était à bout de souffle. Il avait pratiquement porté le garçon pendant les derniers mètres. « Il aurait pu le faire tout seul, et s'il y a quelqu'un à blâmer, c'est moi... »

La fille, comme si elle s'éveillait d'un long sommeil, fut la première à bouger. Elle s'approcha du garçon qu'elle avait sauvagement cogné et, en le soutenant, le conduisit dans l'eau. Les autres élèves vinrent l'aider.

John Kaimon avait parlé vite, presque en bégayant, parce qu'il avait peur que quelqu'un reproche au ceinture jaune d'avoir été aidé à franchir les rochers. Mais il était maintenant évident qu'il avait tort. Ils l'aidèrent gentiment à entrer dans l'océan paisible, rincèrent ses blessures. Ils ôtèrent doucement les gravillons de ses mains lacérées. L'un d'entre eux, un garçon aux pectoraux noueux, le prit dans ses bras et le berça en produisant un bruit de gorge en guise de chanson. L'homme à la ceinture noire lui-même entra dans l'eau pour participer. Ses mains avaient désenflé. Il les mit en coupe pour verser de l'eau sur le cou du blessé. Le type au torse noueux le relâcha et se mit à lui masser doucement les épaules et l'échine.

« Écoutez, j'étais en train de dormir sur le sable, fit John Kaimon en désignant les pins australiens couleur sel. J'étais en train de dormir là-haut et... »

Il ne savait pas ce qu'il voulait dire. Mais il savait ce qu'il voulait faire. Il désirait plus que tout se joindre à eux et les aider à soigner le garçon. Il voulait nettoyer une plaie. Il voulait masser un muscle. Plus que tout, il voulait qu'ils admettent tous qu'il existait. Qu'ils le voient. Qu'ils agissent comme s'il était fait de chair et non d'air.

Le ceinture jaune était bien retapé. Ses yeux bleus étaient maintenant clairs. Alternativement, il faisait bouger sa tête de bas en haut et la faisait rouler autour de la colonne de muscles de son cou. Il n'avait pas dit un mot. Personne n'avait dit le moindre mot, mais ils avaient tous participé à la remise en forme du garçon. Ils l'avaient soutenu, massé, lui avaient fredonné des choses. Et de tous, c'était la fille la plus attentive. Ses mains étaient les plus douces pour ses blessures.

John Kaimon, qui s'était tenu à l'écart tout en regardant, s'approcha. Il avança jusqu'à avoir de l'eau aux genoux. L'entaille sur sa jambe le brûla si fort qu'il faillit crier, mais il se souvint que le garçon blessé avait barboté dans l'eau, tout coupé, molesté et écorché qu'il était, sans pousser la moindre plainte. Il serra donc les dents et marcha plus avant.

« Je m'appelle John Kaimon », dit-il.

Il s'était propulsé au milieu de la bande. Ils étaient maintenant tous autour de lui. Il effleura l'épaule brune de la fille et remarqua pour la première fois que deux jointures de chacune de ses mains étaient déformées. Elles avaient à peu près la taille d'un œuf de pigeon. Il aurait voulu les toucher, faire courir ses doigts sur leurs bords. Il avait l'impression que ces jointures étaient factices, qu'elles allaient disparaître comme du mastic s'il les frottait, et que ses mains seraient de nouveau normales. Mais il regarda alors les autres mains. Elles étaient toutes déformées de la même manière. Jointures en œuf de pigeon.

« Je m'appelle John Kaimon. » Peut-être ne l'avaient-ils pas entendu la première fois. « Je veux entrer dans votre jeu. »

Il gloussa. Il était sérieux, *c'était* sérieux, mais il gloussa. Il n'avait pas pu s'en empêcher. C'était quand même la chose la plus abracadabrante qu'il avait jamais vue. Peut-être qu'ils étaient sourds. Ou muets.

« Mon truc, c'est d'entrer dans le truc des autres », reprit-il. Il parlait presque directement à la figure de l'homme à la ceinture noire. « Je trouve un jeu et je saute dedans. Vous pourriez tout aussi bien parler. Je ne m'en irai pas pour autant. »

Comme pour lui répondre, l'homme à la ceinture noire hurla : « *Cho !* »

John Kaimon fit un bond en arrière, comme s'il s'attendait à être frappé. Mais c'était apparemment un ordre pour que les élèves s'alignent. Et ce fut ce qu'ils firent, tous, même le garçon blessé, qui ne semblait plus ni blessé ni groggy, tous jaillirent du bord de l'océan, l'eau verte voltigeant sur leurs talons. Laissé seul, John Kaimon leur courut après. Il se planta en face de l'homme à la ceinture noire, directement face à lui pour pouvoir éventuellement lire sur ses lèvres.

« Si vous ne me dites pas que je ne peux pas, je viens. Dites-moi juste que c'est impossible et je ne viens pas. Mais si vous ne le dites pas, je viens. Je viens avec vous. »

L'homme ne répondit pas. Ils gardèrent le silence un moment. Et puis leurs yeux se rencontrèrent. Oui, les yeux de l'homme étaient vraiment posés sur lui. Leurs surfaces noires et brillantes lui renvoyaient son reflet.

« Je veux savoir qui vous êtes », dit John Kaimon.

L'homme battit des paupières. Ses yeux furent soudain moins opaques.

« Vous voulez savoir ? demanda-t-il.

– Je vous l'aurais déjà dit si vous aviez écouté », dit John Kaimon.

L'homme avait pris la tête de la double rangée d'élèves.

« Je viens aussi », dit John Kaimon.

L'homme se retourna et lui montra brièvement le même visage que celui qu'il avait montré pendant que la fille brutalisait le garçon sur les rochers. Il était rouge et sévère, mais ses yeux brillaient du plaisir le plus pur.

Il finit par lâcher : « Mettez-vous au bout du rang et suivez-nous si vous pouvez. »

John Kaimon rejoignit le rang. Ils s'engagèrent sur la plage à un trot rapide. John Kaimon se rendit alors compte qu'il laissait tout ce qu'il possédait derrière lui, sous les pins australiens : ses livres, son sac de couchage, et même son pull Faulkner. Il jeta un œil par-dessus son épaule pendant qu'ils passaient la jetée Dania, et là, loin sur la plage, il vit George agiter son pull comme un drapeau.

4

John Kaimon dégobillait dans le parking du Sun'N Fun Motel. Il n'y avait aucune voiture et il semblait bien qu'il n'y en ait pas eu depuis un bon moment. L'asphalte était fendu et les fentes étaient pleines d'herbe. La peinture jaune de ce bâtiment de quinze chambres construit en forme de U était toute craquelée et partait en morceaux. La piscine, au centre du U, était à sec et quelqu'un avait cassé le plongeoir. Juste en dessous de l'enseigne qui proclamait Sun'N Fun Motel, on avait écrit en lettres rouges : « KARATÉ – LA DÉFENSE ULTIME ».

Les élèves alignés regardaient John Kaimon dégueuler.

Et il était honteux au-delà de toute expression de ne rien pouvoir faire d'autre que vomir maintenant qu'il était là. Les nausées sèches (il n'avait rien mangé depuis vingt-quatre heures) lui montaient sans cesse de l'estomac. Il ignorait combien de kilomètres ils avaient couru, mais ça en faisait bien une dizaine. Quelle que fût la distance, c'était la plus longue qu'il eût jamais courue de sa vie.

Il n'y serait jamais arrivé si ça n'avait été pour le vieil homme. Ils avaient fait un bon bout de chemin avant que John Kaimon ne le remarque, passé la jetée Dania, derrière la concession de Dania Beach, puis Hollywood Beach même, là où les retraités et leurs femmes leur criaient des mots d'encouragement. Quand ils quittèrent la plage pour descendre la rue Andrew Johnson en direction de l'US 1, John Kaimon se dit pour la première fois qu'il n'allait pas y arriver. La sueur lui piquait les yeux, sa salive avait un goût de bile et la plante de ses pieds était en feu.

Ce fut quand il se tourna vers le gars qui trottait à ses côtés pour lui demander quelle distance ils avaient parcourue qu'il s'aperçut que ce n'était pas un jeune garçon mais un vieil homme. Au début, il se dit que c'étaient ses yeux qui lui jouaient des tours. Le garçon qui trottait à côté de lui avait le visage couvert de rides creuses d'un quart de centimètre. Il avait les cheveux gris et ses dents bringuebalaient dans sa bouche. Mais le gamin grisonnant aux fausses dents avait un corps tendu de muscles lisses et souples comme ceux d'un chat. John Kaimon oublia alors ses yeux et la bile qui lui remontait dans la gorge, déterminé qu'il était à résoudre ce mystère. Mais même sa détermination ne l'avait pas empêché de dégobiller pendant les cent derniers mètres qui séparaient l'US 1 du Sun'N Fun Motel.

« Repos ! » aboya l'homme à la ceinture noire.

Les élèves rompirent les rangs et s'égaillèrent dans la plus grande chambre du motel, située juste à gauche de la piscine sèche. Le panneau sur la porte disait : « THE PARADISE OF SUN'N FUN : BUREAU ». John Kaimon et l'homme étaient seuls dans le parking. Dehors, sur la route US 1, la circulation se faisait pare-chocs contre pare-chocs dans les deux sens. Ça bougeait très lentement, et derrière les vitres embuées par l'air conditionné les gens regardaient John Kaimon dégueuler, le montraient du doigt et le dévisageaient frénétiquement.

« Vous n'êtes pas en forme, dit l'homme.

– Non, hoqueta John Kaimon.

– Mais plus que je ne l'aurais cru. Je ne pensais pas que vous pourriez courir si longtemps. »

John Kaimon se redressa et s'essuya la bouche. Il haussa les épaules en un geste d'impuissance.

« J'ai dormi dans les bois l'estomac vide.

– C'est un bon projet, dit l'homme. Je l'approuve entièrement.

– Je n'avais pas le projet de dormir dans les bois. Je n'avais pas de projet du tout.

– C'est pour ça que vous n'êtes pas plus endurci. Un projet demande du travail, et le travail a besoin d'un projet. Rien n'est laissé au hasard, ici.

– Je voulais justement vous parler de ça, dit John Kaimon, de ce que vous avez ici.

– Nous n'avons pas de hippie, ici. Êtes-vous un hippie ?

– Non.

– Vous avez une barbe.

– Je n'ai pas de rasoir.

– Et vous avez les cheveux très longs.

– J'aimerais mieux pas, je crois que j'ai des poux. Une coupe de cheveux coûte deux dollars et je n'ai pas deux dollars. »

L'homme l'examina un instant. Son regard parcourait l'US 1 dans les deux sens. Plusieurs voitures s'étaient arrêtées de l'autre côté de la route. Des gosses se pendaient aux fenêtres de l'une d'entre elles en criant.

« Superman ! »

« Hé, Monsieur Muscle ! »

« Lève ton popotin, Hardrock ! »

John Kaimon était gêné. Mais si l'homme avait entendu les enfants, il n'en montra rien. Il finit par dire :

« Vous avez fait une longue course pour arriver ici. Vous ne savez pas où vous êtes. Qu'est-ce qui vous fait croire que vous voulez être ici ?

– Avant de courir jusqu'ici, je savais où j'étais. Et je ne voulais pas y être. »

L'homme désigna la porte par laquelle les autres étaient entrés. « Entrez », l'invita-t-il. Il lui tendit la main. Il y avait du sang séché dessus. « Je m'appelle Belt. »

John lui serra la main. C'était comme serrer la main à une planche enveloppée de papier de verre.

« Vous avez là un joli petit endroit, dit-il.

– Il est utile. »

Ils entrèrent. Tout – cloisons, bureaux et même une jardinière en béton – avait été enlevé du bureau du motel, le laissant sans le moindre mobilier. Le sol était carrelé et brillant. La fille et les neuf autres élèves étaient agenouillés, assis sur leurs chevilles, en pleine méditation. Sur le mur en face d'eux, il y avait la photo d'un homme. Elle était énorme, de la taille d'une affiche de cirque.

Et bien qu'il n'y eût rien sur la photo pour juger de sa taille, il sautait aux yeux que c'était un nain. Il avait un long torse cambré, des jambes et des bras courts, et une énorme tête garnie de cheveux noirs et flottants. Il portait une veste blanche à manches larges, un pantalon blanc large également et une ceinture noire. Il avait deux jointures déformées sur chacune de ses mains.

« C'est le karaté, dit Belt en désignant d'un geste large l'ensemble de la pièce. Le vrai karaté. La défense ultime. »

John Kaimon aurait voulu demander en quoi le *vrai* karaté était différent de tout ce qui n'était pas vrai karaté, mais il savait que moins il poserait de questions, moins il aurait de chance de poser la mauvaise.

« J'ai joué au basket au lycée, dit-il.

– Vous le connaissez ? »

Belt montrait du doigt la photo du nain.

John Kaimon fit semblant de découvrir la photo.

« Non, dit-il après l'avoir étudiée un instant. Je ne crois pas le connaître.

– Aujourd'hui, vous ne le reconnaîtriez pas, dit Belt.

– Ah bon ?

– Non. Il a les cheveux blancs.

– Un de mes oncles s'est fait botter la tête par une mule et ses cheveux ont viré au blanc en moins de douze heures. »

John Kaimon n'avait pas la moindre idée de ce dont ils parlaient. Ça le rendait un peu nerveux, mais il tenait à finir la conversation.

« La mule l'a botté juste après le petit déjeuner. Ses cheveux étaient devenus blancs avant la nuit.

– Je ne l'ai pas vu depuis dix ans. Pas depuis que j'étais ceinture violette. »

Pendant une seconde interminable, John Kaimon crut que Belt parlait de son oncle, celui qui s'était fait frapper par la mule. Mais il s'aperçut vite que c'était du nain que Belt parlait.

« C'est quoi, une ceinture violette ? demanda-t-il. J'ai vu que l'un de vos garçons en avait une.

– Vous ne connaissez donc *rien* au karaté ? Rien de notre défense ?

– Rien du tout.

– Et pourtant vous nous avez suivis, même s'il vous a fallu vomir pour ça. Ça joue en votre faveur, et je pourrais vous dire ce qu'est une ceinture violette, mais ça ne vous servirait pas à grand-chose. À la place, je vais vous dire quelque chose d'autre. Il s'appelle Jefferson Davis Munroe.

– Qui ? »

John Kaimon n'arrivait pas à suivre ce dont ils étaient censés parler.

« Son nom, là, à l'homme sur la photo, c'est Jefferson Davis Munroe. Vous avez entendu parler de lui ?

– Non. »

John voyait bien que Belt aurait voulu qu'il eût entendu parler de lui.

« Mais je ne lis pas beaucoup les journaux. Je ne me tiens pas assez au courant.

– Je l'ai vu tordre une barre d'acier de dix centimètres d'épaisseur avec sa tête », dit Belt.

La mâchoire de John Kaimon s'en décrocha.

« Et une fois, au Coliseum d'Atlanta, je l'ai vu enfoncer son poing dans le flanc d'une machine à laver. C'était à l'intention des dames de l'assistance. »

John Kaimon ferma la bouche et déglutit.

« Je l'ai vu manger une bouteille de bière, continua Belt. C'était une démonstration de sérénité intérieure. »

John Kaimon sut qu'il devait maintenant dire quelque chose. « Je suppose que ses tripes pouvaient tout supporter. » Ce qu'il voulait demander à Belt, c'était pourquoi il avait sur son mur la photo d'un nain assez dingue pour manger une bouteille de bière, mais il ne voulait pas avoir l'air de faire le malin. L'expérience lui avait montré que pour entrer dans le jeu de quelqu'un, le secret était de ne pas se montrer plus malin que nécessaire. Après tout, c'était le bureau de l'ancien motel de Belt. S'il voulait mettre un portrait de nain sur son mur, c'était son affaire.

« C'est une légende dans le monde du karaté », dit Belt avec tristesse. Et puis, d'une voix encore plus triste, il poursuivit en précisant qu'on parlait de Munroe dans tous les dojos, de la Californie à New York. Jefferson Davis Munroe connaissait le karaté mieux que personne, il l'enseignait, il donnait des démonstrations.

Mais il était maître d'une méthode qui ne marchait pas. Et, pour lui, il n'y avait aucun espoir que cela marche un jour. Son coup de pied meurtrier au cœur frapperait un homme normal cinq centimètres en dessous du genou.

Son *shuto uki* à la tête, au mieux, frapperait le haut de la cuisse de son adversaire. Et donc Jefferson Davis Munroe, le plus grand expert en karaté au monde, aussi bien en coups de pied, blocages et contres, en était réduit à donner des démonstrations avec le vide pour adversaire. Et les autres karatékas, qui l'aimaient et l'admiraient, ne pouvaient s'empêcher d'en être honteux.

C'était une histoire bizarre, et John Kaimon ne savait pas trop s'il devait en rire ou en pleurer.

« Bon, finit-il par dire, s'il rencontre un autre nain, sûr qu'il pourra lui botter le cul.

– Mais il vit dans un monde de géants », dit Belt.

Son regard vague passait à travers John Kaimon et au travers du mur de béton derrière lui. « Il fut mon premier maître. »

Ils demeurèrent un long moment sans parler. John Kaimon regardait les élèves assis sur leurs talons, immobiles, et se demandait s'ils avaient mal aux jambes. Derrière eux, le mur était presque complètement couvert de mots peints en blanc, tous en majuscules d'imprimerie :

MOO DUK KWANKNEPO KO-CHONYUDO OIKIDO BARFOOT KARAIDIDAISHORIN JIRYUSHORIN RUYBUDO-KANBUSHIDOKYOKUSHINKAIGO-JU-KAININ JITSU HAP-KI-DOTANG SOO DOTAI JUTSU ISSHINRUY

« Vous parlez japonais ? » demanda John Kaimon, pas vraiment pour savoir, mais parce qu'il voulait ramener Belt de là où son regard semblait perdu, mille mètres plus loin. Comme Belt l'ignorait, il tendit le bras et toucha sa main. « Vous parlez la langue des Japs ? » Il était heureux d'avoir une excuse pour toucher ces mains. Il n'arrivait pas à se rassasier de ces mains. Il essaya de dire tout haut un des mots inscrits sur le mur. « Je ne parle pas japonais, dit-il. Je ne connais personne qui le parle, mais ça sonne comme du jap. »

Belt se tourna pour lui faire face. Leurs regards se rencontrèrent. C'était comme la fois où Belt l'avait regardé sur la plage. Sur son visage, quelque chose s'approchant d'un sourire apparut comme par magie, comme s'il ne faisait pas du tout partie de son visage. Il leva ses mains enflées jusqu'à ce qu'elles soient entre eux, tout près du visage de John Kaimon. Une des mains portait des blessures profondes, des blessures pleines de sang séché. Du sang noir. John Kaimon ne pouvait plus détacher son regard de ces mains. Il tendit le bras et en toucha une, très légèrement.

« Jap ? dit-il.

– Ce sont les noms des clubs de karaté qui ne me combattront pas, répondit Belt.

– De quoi ? » John Kaimon ne l'avait pas entendu. Les mains pivotaient lentement devant lui. Les paumes, puis leur dos. D'abord calleuses, parcourues de lignes – comme des coupures au couteau – puis noires de poils drus recouvrant des veines bleues. Chaque main similairement déformée par des jointures gonflées. « De quoi ? répéta-t-il, divaguant presque à cause des mains esquintées qui pivotaient devant lui.

– Ce sont les noms des karatékas qui ne me combattront pas. Il y en a davantage, mais j'étais à court de mur. Nous ne sommes même plus autorisés à faire des tournois avec eux. »

Sa voix était maintenant aussi basse qu'un murmure. « Je suis un hors-la-loi. Ici, nous sommes tous des hors-la-loi. »

À l'extérieur, la circulation rugissait sur l'US 1. Les klaxons beuglaient, les freins couinaient. Des voitures pressées freinaient pour ne pas écraser quelqu'un ; d'autres, à l'arrêt, avaient intérêt à se grouiller pour éviter d'être embouties par quelqu'un. À l'intérieur, les élèves étaient toujours comme des pierres de taille, les mains posées sur les genoux, le regard fixé sur le sourire affable de Jefferson Davis Munroe.

« Regardez-moi », dit Belt.

John Kaimon le regarda.

« Voulez-vous essayer de rester ici, dans cet endroit, avec moi et les miens ?

– Oui. »

5

John Kaimon était persuadé d'être prêt pour tout ce qu'il pourrait trouver au Sun'N Fun Motel. Après tout, il avait vécu à Mexico dans une communauté de gens dont le credo était : « NOUS RECHERCHONS LE DÉNOMINATEUR COMMUN DE L'AMOUR. » Et John Kaimon avait cherché avec eux.

Mais après quatre mois, deux sévères chaudes-pisses, et une hépatite dont il faillit bien mourir, il était parti sans le dénominateur commun. Moins de trois mois après, il avait dormi dans le bureau du président d'une grande université de la côte est où il avait regardé trois garçons et une fille marquée d'une cicatrice d'appendicite violette partager pendant une longue nuit les *Pensées* de Mao.

John Kaimon parcourait le campus de l'université à la recherche d'un endroit où dormir quand une vague d'étudiants était passée par là. L'un d'eux lui avait tendu une affiche clouée à une planche. John Kaimon ne l'avait pas lue, mais la vague d'étudiants ne l'en avait pas moins propulsé tout droit dans le bureau du président, où peu après trois heures du matin, quand les garçons s'étaient fatigués des *Pensées* de Mao et que la fille s'était plainte que sa cicatrice lui faisait mal (c'était une opération récente), ils avaient découvert qu'aucun d'entre eux n'était inscrit à l'université, bien que l'un d'eux prétendait avoir un cousin diplômé de Harvard.

John Kaimon était parti deux jours plus tard, alors que les révolutionnaires occupaient encore le bureau du président, quand il découvrit qu'il était le seul âgé de moins de trente ans.

La même année, John Kaimon traînait à Oakland, en Californie, sur une vieille moto Indian qu'il avait rachetée à un fermier de Warren. Il cherchait un endroit où dormir (c'est le problème le plus difficile à résoudre quand on est sur la route. On peut se passer de nourriture pendant une semaine, mais toutes les quarante-huit heures environ, il faut poser la tête quelque part. Et si on la pose au mauvais endroit – sous un pont, sur un banc ou dans l'embrasure d'une porte –, c'est un coup à se réveiller dans la prison locale, et selon la prison en question, bon à être circoncis, ou violé par la bouche, l'anus, les aisselles, ou par n'importe quel endroit impensable), et donc, alors qu'il cherchait *ardemment* un endroit où dormir, il fut invité par un gang de motards, dont les membres portaient croix gammées et casques allemands, à dormir dans leur Q.G., mais il dormit peu car les membres de ce gang le circoncirent, le violèrent par la bouche, l'anus, les aisselles, et lui firent d'autres choses impensables.

Et donc, quand Belt lui dit qu'il pouvait rester (« Restez pour l'instant, mais vous êtes à l'essai »), John Kaimon se réjouit, parce qu'il était sûr que quoi qu'il puisse rencontrer au Sun'N Fun Motel, ça ne serait pas pire que ce qui lui était arrivé à Oakland, ou dans une centaine de villes du même genre. Mais il pouvait difficilement tenir sans déjeuner.

« Il est temps de manger », dit Belt.

John Kaimon regarda les élèves sortir en rangs du bureau du motel.

« Écoutez, dit-il. Je vous suis reconnaissant de me laisser rester. Mais Dieu sait qu'il est l'heure de manger. La dernière chose que j'ai avalée était un hamburger à quinze cents, avant-hier, au Royal Castle. Mais je ne peux pas être à votre charge, manger votre nourriture et tout ce qui s'ensuit, sans payer. Or, je n'ai pas un rond. Aujourd'hui, je m'apprêtais à mendier. Je ne sais pas comment ça se joue dans le coin, mais j'ai découvert que dans la plupart des villes, ce que vous gagnez en une journée de mendicité équivaut à ce qu'on vous donne pour une journée de travail, soit environ seize dollars pour huit heures. Deux dollars de l'heure, pas mal pour un boulot ne demandant aucune qualification. En fait, ce n'est pas vraiment sans qualification. Je suis sûr que je serais rangé dans la catégorie des ouvriers qualifiés dans le domaine de la mendicité. Pour les débutants, le tarif est d'un dollar cinquante, voire un peu moins. »

Belt l'avait écouté patiemment, ses yeux s'esquivaient de temps en temps vers le mur. « Vous aurez quelque chose à faire, dit-il. Je ne peux pas dire si vous serez ou non autorisé à rester. Je peux seulement vous dire que vous pouvez rester jusqu'à ce que vous partiez. Tout ce qui joue en votre faveur pour l'instant, c'est que vous m'avez suivi huit kilomètres à fond la caisse en plein cagnard avec – c'est vous qui le dites – l'estomac vide. C'est pas beaucoup, mais d'autres sont restés avec moins que ça. Maintenant, on ferait mieux d'aller manger. »

Et ils mangèrent. Mais c'était aussi étrange que le combat sur les rochers. Aussi étrange que de se réveiller le matin et de voir un homme nu sortir de derrière la portière à rayures d'une carcasse de voiture. Il le dit à la fille malgré lui. Il voyait bien qu'elle ne désirait pas en parler. Elle se comportait comme si elle était endormie. Mais il savait qu'elle était réveillée sous ses yeux clos.

« Vous mangez toujours comme ça ? » demanda John Kaimon.

Ils étaient tous les deux étendus sur de fins matelas de paille sur les côtés opposés d'une chambre. Il n'y avait pas d'autre meuble, excepté quelques crochets d'où pendaient des ceintures de karaté de différentes couleurs. De l'encens brûlait dans le bedon d'un bouddha fixé au mur sous un grand miroir. John Kaimon observait les mouvements du ventre ferme et doré de la fille. Elle portait toujours son bikini jaune. John Kaimon songeait à son profond désappointement quand il avait vu ce qu'ils mangeaient au club de karaté.

« Je prendrais bien un sandwich à la saucisse fumée, avait-il dit, avec de la mayonnaise.

– Pas de saucisse fumée, ici, avait répondu Belt, ni de mayonnaise. »

Et c'était la vérité. Tout ce qu'il y avait dans la cuisine, c'était des pilules, de la poudre, et une boue brune et épaisse qu'ils appelaient sauce Hy-Pro.

Il y avait des pilules appelées « légumes verts feuillus ». D'autres appelées « viande rouge ». D'autres appelées « lait », et d'autres encore appelées « fruits ». Aucune d'entre elles n'avait le moindre goût. Sauf la sauce Hy-Pro. Elle avait du goût, mais il donnait la nausée à John Kaimon.

« J'ai la nausée, dit-il. Ça doit être les légumes verts. »

Il n'arrivait pas à oublier Belt répétant : « Encore un peu de légumes verts feuillus ? » Ou : « Vous reprendrez bien de cette viande rouge ? »

Et il s'était assis à table et tout le monde le regardait pendant qu'il fixait les petites coupelles de pilules en face de lui. Et la façon dont Belt disait « légumes verts feuillus » sonnait comme si ces saletés de petites pilules marron étaient vraiment des légumes verts feuillus, et il s'était obstiné à en demander davantage, qu'il avait mangées avec obstination, mais il avait beau se forcer à croire le contraire, elles n'en demeuraient pas moins des pilules marron, sèches comme de la poussière et totalement dénuées de goût.

« Et pour le dîner, on mange quoi ? demanda John Kaimon à la fille.

– Légumes verts feuillus, viande rouge, lait et fruit », répondit-elle sans ouvrir les yeux.

John Kaimon lâcha un rot à la sauce Hy-Pro. Il jeta un coup d'œil sur la fille. Elle n'avait pas bougé un muscle depuis qu'elle s'était étendue. Et elle n'était pas non plus du genre à gaspiller les mots, il fallait lui reconnaître ça.

Après le déjeuner, Belt lui avait dit : « Va avec elle. Elle te montrera où dormir. »

Il la suivit jusqu'à l'une des chambres du Sun'N Fun. Elle ouvrit une porte.

« C'est ton tatami, dit-elle en désignant un des matelas de paille.

– Merci », répondit-il en passant par la porte qu'elle lui maintenait ouverte.

Elle entra derrière lui.

Elle alluma l'encens dans le ventre du bouddha et s'allongea sur l'autre matelas. John Kaimon resta debout un bon moment à la regarder, mince et dorée dans son bikini jaune. Il sentait qu'ils le testaient. Mais il ne savait pas s'ils attendaient de voir s'il allait essayer de la baiser ou s'il allait l'ignorer. Il se souvint de la branlée prise par le garçon sur la jetée et choisit de l'ignorer. Maintenant, ils se reposaient chacun de leur côté dans la chambre. Il n'avait aucune idée du temps qu'il était censé passer là. Et il se sentait de plus en plus malade.

« Je suis de plus en plus malade », dit-il, se surprenant lui-même de l'avoir dit.

La fille se redressa sur son matelas. Elle bascula et s'assit sur les chevilles, les mains posées sur les genoux. C'était la même posture de méditation que celle que les élèves avaient prise sous l'énorme photo du nain.

« Tu as juste besoin de parler », dit-elle.

John Kaimon s'assit également. « Je crois que je suis un peu nerveux », dit-il.

Il n'aimait pas beaucoup admettre ça devant une fille, mais ce n'était pas une fille ordinaire. Elle avait six mois d'hôpital dans chacun de ses poings, et Dieu seul sait ce qu'elle avait dans les pieds.

« Je sais ce que c'est, dit-elle.

– C'est un endroit étrange. Tout le truc est étrange. »

Elle sourit.

« Je sais, dit-elle. Je sais combien Belt est difficile à croire au début.

– C'est pas le problème. Je peux tout croire. Merde, je suis le champion des croyants. Après ce que j'ai vu, je crois en tout : religions, prophètes, mystiques, ou tout ça à la fois. C'est une maladie que j'ai, comme le cancer ou la cirrhose.

– Pour croire ce qui est ici, vous devez cesser de croire le reste du monde. »

Sa voix s'était soudain faite plate, comme si elle lui récitait une leçon.

« C'est pas ma spécialité », dit-il.

Elle avait maintenant une main sur chaque genou. Son regard à lui s'était progressivement déplacé et bloqué sur l'enflure de ses articulations.

« Je suis bon pour croire, mais je ne vaux pas un pet de lapin quand il s'agit de ne pas croire. Comme je l'ai dit, je suis un croyant.

– Je n'ai pas pu m'empêcher de remarquer comment vous avez attaqué ces légumes frais et cette viande rouge.

– Ah, ça, fit-il en étouffant de la main une autre remontée de gaz, c'était une erreur. C'est pour ça que je suis malade.

– Mais je vous ai vu », dit-elle.

Sa voix n'était désormais plus plate. Elle était tendue comme un câble. « Je vous surveille depuis le début. C'était merveilleux de vous voir engloutir tous ces légumes frais. »

John Kaimon hocha tristement la tête.

« Non, dit-il. Les pilules n'ont jamais été autre chose que des pilules. J'ai cru aussi fort que je le pouvais, mais... c'est juste des pilules. Je crois que j'y arriverai, pourtant. Vous verrez. Un jour, une de ces pilules va se transformer en fraise sous ma langue.

– Belt ne s'est pourtant pas trompé. Il vous a laissé rester, et c'est assez bon pour moi.

– Qu'est-ce qui est assez bon pour vous ?

– Que Belt vous ait laissé rester.

– Qu'est-ce que ça signifie ?

– Ça signifie que vous êtes l'un d'entre nous.

– Qui êtes-vous ? Qui c'est, *nous* ?

– Les gens que Belt laisse rester.

– Qui est Belt ?

– Celui qui décide de qui doit rester ou partir.

– Pourquoi voulez-vous rester ?

– La défense.

– La défense ?

– Exact. Nous avons tous besoin de défense. Si vous avez besoin de défense, Belt est celui qu'il vous faut. Il vous donnera de la défense.

– Ça, c'est vraiment quelque chose, dit John Kaimon. J'ai déjà entendu pas mal de trucs dans ma vie, mais ça c'est vraiment quelque chose. Dis, tu t'appelles comment ?

– Gaye Nell Odell », répondit-elle.

Elle s'étendit sur son matelas de paille. « Maintenant, tu ferais mieux d'essayer de te reposer. »

Il s'allongea. Il fixa le plafond pendant un bon moment. « Quelqu'un m'a dit que tu avais été reine de beauté.

– Oui, dit-elle.

– Plus d'une fois ? demanda-t-il.

– Oui. »

Il resta à nouveau tranquille pendant un long moment.

« Qu'est-ce qui est arrivé aux articulations de tes mains ?

– Je les ai cognées contre une planche.

– Plus d'une fois ?

– Oui.

– Pourquoi ?

– Pour tuer les terminaisons nerveuses et fortifier la main.

– C'est un peu bizarre pour une reine de beauté.

– Ça montre que tu en sais peu sur le fait d'être une reine de beauté, dit-elle. Ce n'est pas bizarre du tout.

– Pourquoi juste deux à chaque main ?

– Les deux premières articulations représentent la surface de frappe du poing dans le karaté. Maintenant, tu ferais mieux d'essayer de te reposer. »

Il ferma les yeux. Et puis il les rouvrit.

« C'est la deuxième fois que tu dis que je ferais mieux de me reposer. J'ai eu un bon endroit pour dormir, la nuit dernière. Je ne suis pas fatigué du tout.

– Tu le seras », dit-elle.

Il s'assit.

« Comment ça ?

– Toi et moi on va aller à la piscine.

– Il n'y a pas d'eau dans cette piscine.

– Toi et moi n'avons pas besoin d'eau.

– De quoi avons-nous besoin ? demanda-t-il d'une voix qui devenait malgré lui un tantinet stridente.

– De repos, dit-elle.

– Écoute. Je t'ai dit que je pouvais croire n'importe quoi, et c'est vrai. Mais même un champion du monde de la crédulité a besoin de quelque chose pour avancer. Je dois savoir qui est dans le canon, qui tire ou qui reçoit. »

Il se souvenait de ce qu'elle avait fait du garçon sur la jetée.

« J'ai besoin de quelque chose.

– Je te donnerai quelque chose dans la piscine.

– Dans la piscine ? Tu veux dire qu'on va dans la piscine ?

– Droit au fond », dit-elle.

Il se rallongea sur son matelas et ferma les yeux. Il était déterminé à rester calme. Ou du moins, à paraître calme, mais il ne pouvait s'empêcher de se demander si elle avait l'intention de lui cogner dessus. C'était sûr qu'il n'y avait nulle part où se cacher dans cette piscine sèche comme de l'amadou. Il avait intérêt à faire gaffe à ne pas se laisser coincer dans le grand bain. Il pourrait probablement sauter hors du petit bain. Mais ce serait la fin de tout si jamais elle l'attrapait sous le plongeoir cassé.

Il entendit un bruit et ouvrit les yeux. Elle se tenait debout, nue, devant le bouddha. Il se dit qu'il avait dû s'endormir et qu'il rêvait. Il referma les yeux. Mais elle était toujours là, brillante et dorée, sur l'écran noir de ses paupières. Ce n'était pas plus cher de regarder, c'est ce qu'il fit. Et il vit que son regard à elle – aussi franc et honnête que celui d'un maquignon – était rivé au sien.

« C'est l'heure de la leçon, dit-elle.

– Je ne suis pas très partant, répondit-il en la regardant dans les yeux. Faire la route, dormir dans les bois et tout ça m'a laissé en piètre condition, mais ni toi ni personne n'a besoin de me donner de leçon pour ça. »

Elle lui dévoila la rangée de dents la plus blanche et la plus belle qu'il ait jamais vue. Mais ce n'était pas un sourire, et quoi que ce fût, cela lui fit dresser les cheveux sur la nuque comme s'ils essayaient de fuir son crâne.

« Tu as absolument et admirablement résumé la situation, dit-elle. Et c'est parfait. C'est une partie de la leçon.

– Gaye Nell, dit-il. Je ne suis pas reposé.

– Personne ne m'appelle comme ça.

– Tu m'as dit que c'était ton nom.

– C'est vrai, dit-elle, mais personne ne m'appelle comme ça.

– Comment t'appelle-t-on ?

– Rien.

– C'est un sacré nom.

– Je n'ai pas besoin d'un nom. Je vais très bien sans.

– Que tu aies un nom ou pas, je ne suis toujours pas reposé.

– Belt a dit que tu devais prendre une leçon. C'est ce qu'il m'a dit, que tu dois la prendre, et tu dois la prendre maintenant. Les vieux viennent à deux heures et demie.

– Les vieux ?

– J'ai une classe de gens âgés. »

Il eut une vision d'elle, nue dans une piscine sèche, en train de donner un cours à des vieillards nus. Une piscine pleine de popauls tout mous et de chattes à poils gris.

« Qu'est-ce que tu leur apprends ?

– Des techniques pour tuer », répondit-elle doucement.

Elle se tourna pour ouvrir un placard. Plusieurs tenues blanches y étaient accrochées. Elle en prit une. « Mets-la », dit-elle. Elle lui lança une ceinture blanche. « Je t'apprendrai comment on noue une ceinture de karaté quand on sera dans la piscine. »

Et, sans plus lui jeter un regard, elle enfila un kimono blanc, décrocha une ceinture marron d'un crochet fixé au mur, la sangla autour de sa taille, ouvrit la porte et sortit dans l'éblouissante lumière du soleil.

Il mit la tenue et sortit à son tour. Elle n'était nulle part. La circulation rugissait sur l'US 1. Le soleil était maintenant à son zénith et John Kaimon marchait dans le petit cercle de son ombre. La lumière était partout, brillante, intense, aveuglante. Elle se réfléchissait sur le verre, la pierre, le métal, sur les tuiles des toits, sur le béton des bâtiments.

Il s'avança jusqu'au bord de la piscine et regarda dedans. C'était là qu'elle était, dans le grand bain, à genoux, les mains, paumes en l'air, l'une sur l'autre sur ses cuisses. La chaleur montait par vagues de la piscine asséchée. Elle tremblait là où elle s'était agenouillée, aussi peu substantielle qu'un fantôme. Il se rendit jusqu'aux marches du petit bain.

En descendant les marches, il avait l'impression de s'enfoncer dans une eau chaude et sèche. Il la sentit d'abord clapoter sur ses chevilles, puis monter le long de ses jambes, entre ses jambes, avant de l'avaler jusqu'au cou. Instinctivement, il s'étira pour garder la tête à l'air libre. C'était tout ce qu'il pouvait faire pour s'empêcher d'exécuter les mouvements de nage avec les bras. Il marcha vers la fille, vers le grand bain. Il fut submergé. Comme s'il était quelque étrange poisson préhistorique emplissant ses poumons d'air sec et brûlant.

« On va mourir », dit-il.

Elle leva les yeux. « Non. Je vais te faire vivre. *Nous* allons te faire vivre. »

Elle fit un geste de la main, et, regardant vers le haut, il vit Belt agenouillé sur le plongeoir cassé. Cinq élèves d'un côté et cinq de l'autre. Parmi tous ces visages, John Kaimon chercha à distinguer celui du vieil homme. Mais c'était inutile. Dans la chaleur abrasive, ils se ressemblaient tous. Lisses, calmes et jeunes.

Elle avait pris la ceinture des mains de John. Pendant qu'elle la lui nouait autour de la taille, elle s'adressa à lui d'une voix douce :

« Vide ton esprit de tout ce qui s'y trouve. Pendant une heure, il n'y aura rien que le karaté. »

Mais elle n'avait pas besoin de le dire. Il n'y avait rien à vider dans son esprit. Sa cervelle ressemblait à un œuf qu'on aurait oublié trop longtemps dans la poêle, sec, cramé.

« Tu es là parce que tu l'as choisi. Tu le veux. Et ce n'est que par un effort de ta volonté que tu peux rester. Tu as choisi de souffrir. Tu vas devenir pur parce que tu vas toi-même te purger de tout ce qui n'est pas le karaté. Tu vas te forcer à être pur. »

Il leva ses yeux de poisson et, au-delà de cette surface sèche et brûlante, il vit que sur le bord, Belt s'était métamorphosé en pierre, desséché et solidifié par le soleil. Il baissa les yeux et regarda la fille. Elle avait fini de nouer sa ceinture. Ses yeux mornes étaient au niveau des siens. Elle desserra le haut de son kimono et l'ouvrit. Elle était nue dessous. Il fixa les deux blanches collines de ses seins frissonnants. Quelque chose tiqua derrière ses yeux.

« Touche-moi », dit-elle.

Il couvrit de la main l'un de ses seins. Il sentit une légère pulsation deux ou trois fois dans sa tête avant qu'elle ne s'estompe. Une pensée le traversa. *Je la tiens par le téton.* Mais il ne pouvait rien faire de cette pensée. C'était comme si quelqu'un d'autre l'avait eue. C'était comme si quelqu'un d'autre l'avait eue à propos de quelqu'un d'autre.

Ils demeurèrent là un long, long moment, la main sur son sein, la sueur dégoulinant de son corps. Ses bras le faisaient souffrir. Ses yeux le brûlaient. Il se sentait sur le point de s'évanouir.

Elle finit par dire : « Maintenant. Fais tout ce que tu veux de moi. N'importe quoi. »

Ses mains glissèrent de son corps. Il fit un pas en arrière. Ses yeux se fermèrent.

6

John Kaimon est allongé dans l'aile Gaye Nell Odell du Sun'N Fun Motel et contemple ses mains. Elles sont dans le plâtre jusqu'aux poignets. On lui a assuré que les plâtres étaient provisoires. Ses mains ne sont pas cassées, juste salement foulées. Trois articulations de chaque doigt sont démises.

Gaye Nell Odell est allongée à l'autre bout de la pièce. Sur son tatami. Il l'a dévisagée pendant une bonne heure. Il a pensé à la violer. Il y a pensé et l'a planifié pendant les trois derniers jours. Mais maintenant qu'elle est là, il sait qu'il ne le fera pas, il sait qu'il ne pourra pas. Elle est dangereuse et il a peur.

Il repose sur son tatami, les yeux au plafond. Il se sent très seul. Il a même pensé à pleurer, mais il sait qu'il ne pleurera pas. Il songe à écrire une lettre à quelqu'un, mais il n'a personne à qui envoyer une lettre. De plus, ses mains sont couvertes de plâtre. Il ne peut pas tenir un stylo. Il ne peut pas taper à la machine.

Il écoute le souffle de Gaye Nell Odell de l'autre côté de la pièce. Il sait qu'elle dort, qu'elle semble endormie. Elle est arrivée il y a une heure sans dire « Bonjour » ou « Comment vas-tu ? » ou « Va te faire foutre ! ». Elle a juste ôté ses fringues et s'est allongée sur son matelas en paille. Elle n'a même pas fait attention à lui. Il le sait. Elle n'a pas pensé à lui une seule fois en trois jours, depuis qu'elle lui a cassé les mains. Ou plutôt s'est arrangée pour qu'il se les casse.

Il tord le cou et lève les yeux vers l'endroit où son pull Faulkner est accroché à un clou. Au moins, il a récupéré son pull. Au moins. La moitié du visage couleur alu lui rend son regard au milieu des plis du tricot. Son cou lui fait mal. Il s'assied, se tourne sur son matelas et s'allonge sur le dos. Maintenant, il est juste en face du pull. Il voudrait bien qu'il soit étalé sur le mur pour qu'il puisse voir le visage en entier. Il voudrait surtout voir les deux yeux. Quelque chose qu'il puisse dévisager. Dieu, comme il se sent seul.

Il entend son souffle. Elle n'a pas pensé à lui une seule fois en trois jours. Pas une seule. Il tape doucement son plâtre contre le sol. Doucement. Ça sonne comme un battement de cœur. Pas tout à fait, mais s'il y croit suffisamment fort, ça y ressemble. Il scrute le pull et fait un vœu pour les yeux de Faulkner. Il songe de nouveau à écrire une lettre. Il aurait aimé le pouvoir. Aurait aimé avoir quelqu'un à qui l'envoyer. Aurait aimé que ses mains ne soient pas couvertes de plâtre. Aurait aimé qu'elle eût pensé à lui. Aurait aimé voir le visage de Faulkner.

Cher Faulkner,

Il souffle les deux mots dans l'espace mort qui l'entoure.

Ici, nous allons tous bien et j'espère que la présente te trouvera de même.

Il teste les mots dans l'espace. Il pourrait tout aussi bien écrire une lettre à Faulkner qu'à quelqu'un d'autre. De l'autre côté de la pièce, elle est profondément endormie.

Il y a une fille avec moi dans la chambre. Elle est nue. Elle n'a aucun vêtement sur elle, mais moi j'ai les miens, à cause de mes mains qui sont dans le plâtre jusqu'aux poignets. Et qu'on ne peut pas ôter ses vêtements avec des mains dans le plâtre. On ne peut même pas dézipper son pantalon pour pisser un coup. C'est la pire situation dans laquelle je me sois jamais fourré.

Lazarus m'a ouvert la braguette et m'a tenu popaul. Je sais de quoi ça a l'air, mais il fallait bien que quelqu'un le fasse ; et je n'ai vraiment rencontré que deux personnes, ici. Lazarus et la fille nue couchée là-bas. Bien sûr, j'ai rencontré d'autres personnes mais on ne peut pas appeler ça rencontrer.

Il y a un type qui s'appelle Belt. Je lui ai parlé, mais je ne l'ai pas rencontré. Je ne crois pas que quiconque ait jamais rencontré Belt. Je n'en sais même pas assez sur lui pour t'en parler. Rien à voir avec Lazarus. Lazarus...

Il s'arrête de parler et tend l'oreille. Il scrute la pièce. Dans l'obscurité uniquement éclairée par la petite ampoule rouge au-dessus du bouddha, elle porte comme un bikini les parties non bronzées de sa peau. Il se sent idiot, mais il n'y a rien d'autre à faire. Il ne peut pas dormir. Il décide de finir sa lettre à Faulkner.

Lazarus a été bon et gentil pour moi. On n'imaginerait pas qu'un gars capable de te démolir comme Lazarus puisse être bon et gentil. Mais c'est le cas. Le jour où je me suis cassé les mains il est venu me voir – le soir même – et m'a demandé si j'aimerais aller à l'endroit où il bosse.

Lazarus est videur. J'étais allongé dans la chambre, mais la fille était partie. Elle avait disparu pendant trois jours, j'étais étendu là où je suis maintenant et je me sentais comme si c'était la fin du monde. J'étais étendu à me souvenir de la chaleur infernale de ce grand bain, à me souvenir de comment j'y étais descendu pour la troisième fois, me noyant dans cette chaleur, quand soudain ses tétons s'étaient mis à me regarder, me désignant la direction de ces deux trucs boulonnés sur le côté de la piscine et comment, pour penser à autre chose qu'à ça je lui ai demandé ce qu'étaient ces trucs boulonnés.

« Des planches makiwara, dit-elle.

– Qu'est-ce qu'on en fait ?

– On les cogne.

– Pourquoi ? »

C'étaient des trucs pas rassurants, en forme de boucliers enveloppés dans une toile noire et rugueuse. Il y avait des taches sombres dessus. J'ai regardé de plus près. C'était du sang.

« Ça tue les nerfs de la main, a-t-elle dit. Ça tue les nerfs et ça renforce la main. Essaye.

– Bien, répondis-je. D'accord.

– Comme ça. »

Elle a pris ma main et m'a montré comment former ce qu'elle appelait un bon poing de karaté et a désigné les deux premières articulations.

« C'est la surface de frappe. »

Elle m'a montré ses deux mains et j'ai compris exactement pourquoi elle avait les articulations déformées et complètement bousillées.

J'ai fait demi-tour et j'ai frappé la planche makiwara. Elle m'a juste regardé pendant une minute. Elle n'a pas souri ou quoi. Elle m'a juste regardé. Et puis elle m'a doucement poussé sur le côté, a placé ses pieds, et d'un mouvement léger des hanches, elle a frappé la planche si fort que je n'en ai pas cru mes yeux, si fort que je m'en suis mordu la langue. Ensuite, elle s'est replacée en face de moi. Ses tétons brillaient comme à la fin du monde.

« Touche-moi », demanda-t-elle.

J'ai mis mes mains sur ses tétons. Nous nous sommes tenus comme ça pendant longtemps. Je sentais son souffle sous mes doigts. Mes bras commençaient à être douloureux. Et plus ça durait, plus ils me faisaient souffrir. Ensuite, j'ai souffert de partout. Mais on est restés là. J'étais honteux à l'idée de bouger. Même si ça me faisait un mal de chien de rester debout avec les bras dans cette position. Son visage flottait en face de moi.

« Maintenant, a-t-elle fini par dire, frappe le makiwara. Et frappe-le comme je l'ai fait. Frappe-le comme une fille. »

Je suppose que c'était le ton de sa voix. Je ne sais pas. Peut-être que c'était juste la chaleur. Je ne sais pas. Elle se moquait de moi.

« Frappe-le comme une fille. »

Et avant de m'en rendre compte, je me suis tourné et j'ai cogné le makiwara aussi fort que j'ai pu. Mais je ne l'ai pas cogné correctement, mon poing a dévié et mon pouce s'est coincé. Quelque chose pire que la douleur a jailli dans mes bras et a explosé derrière mes yeux.

« Touche-moi », répéta-t-elle.

J'ai posé mes mains enflées et esquintées sur elle. Elle a souri, mais il n'y avait aucun plaisir dans ce sourire. Je l'épiais à travers la sueur qui me dégoulinait dans les yeux.

« Frappe le makiwara », dit-elle.

Je ne sais pas d'où venait cette rage, mais elle me rendait dingue. J'ai frappé la planche des deux poings, mais je n'ai rien senti. J'observais le sang de mes jointures goutter sur le sol en ciment. Je me suis retourné. J'allais la frapper, lui écraser la gueule, la tuer.

Mais elle était nue. Pas un fil sur elle. Le pantalon blanc qu'elle portait gisait en boule derrière elle. Elle me regardait.

« Touche-moi. Touche-moi n'importe où.

– Je n'ai pas envie », refusai-je.

Chaque fois que je voulais la toucher, je pensais à cette toile rugueuse qui enveloppait la planche fixée dans le mur derrière moi. La sensation revenait dans mes mains et elle n'était que douleur. J'avais les yeux pleins de sueur, et la sueur faisait d'elle un mirage en face de moi. Elle a fait un geste de la main. Comme si elle était sous l'eau. Elle a tendu le bras – comme si elle savait que je pouvais à peine la voir – et a essuyé la sueur de mes yeux. Son visage et son corps nu sont apparus d'un coup. Les poils de son bas-ventre flamboyaient.

Cette chienne était cinglée. Elle était folle. Est folle. Sera folle. Et c'est à peine si j'arrive à le croire, mais j'étais cinglé moi aussi dans cette piscine avec Belt posé comme une brique sur ce plongeoir cassé, en train de mater. J'ai dû m'évanouir. C'est finalement ce qui a dû m'arriver car je me suis réveillé la tête sur les cuisses de Belt.

Ils m'avaient traîné sous un palmier mort qui ne donnait plus d'ombre du tout. Ses mains de papier de verre me frottaient les joues et me massaient les poignets. Je peux vous en dire beaucoup plus sur ses mains que sur lui. Mais, tandis qu'il les avait sur moi, c'était comme si je tenais de nouveau la fille par les tétons.

« On va devoir te réparer les mains », dit une voix.

– Elles iront très bien, répondit une autre.

– Où est-elle ? » demandai-je.

Les mains de Belt me touchaient, me caressaient. Mais je ne pouvais pas voir. Je ne pouvais rien voir. De temps en temps, une lumière jaillissait sur lui et autour de lui comme quelqu'un agitant une lampe dans une nuit obscure.

« Où est-elle ? » demandai-je à nouveau.

Des mains étaient sur moi et je ne pouvais le supporter.

« Tu as été bon, dit Belt.

– Où est-elle ?

– Dans la piscine.

– Toujours dans la piscine ? »

Pour une raison ou pour une autre, je n'arrivais pas à le croire.

« Elle est dans la piscine avec les vieux, dit quelqu'un.

– Ses mains saignent salement. Il faut les soigner. »

Ils m'ont remis sur mes pieds et j'ai pu de nouveau voir. Pas bien, mais je voyais. De la piscine j'entendais des vêtements se déchirer, des éclats de rire et des cris de douleur. Et par-dessus tout ça, le choc régulier des coups contre la planche makiwara. Ils m'ont lâché. Je suis tombé.

« Portez-le. »

Je flottais à hauteur d'épaules dans l'air scintillant. Il n'y avait pas de nuage dans le ciel. Mais je ne pouvais pas non plus sentir le soleil. Ils m'ont trimballé un bon moment, derrière et autour du Sun'N Fun, entre deux bâtiments, à travers un bout de terrain vide et plein d'arbres morts. Je pouvais de nouveau voir, mais j'avais des difficultés à retrouver mon souffle. J'avais mal à la tête, et les mains engourdies.

Le bâtiment où ils m'ont emmené était petit. Ils m'ont posé sur une chaise et ma première pensée fut : ils m'ont emmené dans un bordel.

Le sol était couvert d'un tapis rouge. Sur la porte du fond pendait un rideau rouge sur lequel on avait accroché des boules dorées. Et puis j'ai vu que j'étais assis sur une causeuse. Une causeuse rouge avec de petits cupidons gravés sur les accoudoirs.

Mais ce n'était pas un bordel. Pour finir, ils m'ont emmené dans une salle où travaillait le médecin. C'était une pièce petite, très propre, équipée d'un évier en acier et d'un tas de plateaux chargés d'instruments. Contre l'un des murs, une rangée de bols était alignée. Il y avait quelque chose dans un des bols. Une petite chose sans poil. Au début, j'ai cru que c'était un chaton.

C'était à peu près de la taille d'un chaton. Mais ce n'était pas un chaton.

Le type était un tueur de bébés.

« Très bien, m'a dit Lazarus quand il est venu me demander si je voulais aller avec lui au club où il travaillait comme videur. Très bien, donc le type était un avorteur. Il avait été médecin. Il avait toujours le droit d'exercer. Belt ne vous emmènerait jamais chez quelqu'un qui n'a pas le droit d'exercer.

– Mais un putain de tueur de bébés, objectai-je.

– Il faut bien qu'il vive, reprit Lazarus. Les motels du coin ont fait faillite, puis les Latinos ont débarqué quand Castro a pris le pouvoir à Cuba, sa clientèle l'a lâché et il s'est retrouvé sur la paille. C'est du moins l'histoire qu'il raconte. La seule chose dont veuille se débarrasser une Latino, c'est d'un bébé. Et Doc l'en débarrasse. Des fois, elles font la queue pour attendre. Il faut bien qu'il vive. »

Je me suis recouché sur le futon et j'ai demandé :

« Est-ce que la fille est partie ?

– Oui, a-t-il répondu.

– Où ?

– Juste partie. Elle s'en va. De temps en temps, elle part. C'est entre elle et Belt. »

Je lui ai tourné le dos.

« Allume l'encens quand tu t'en vas », ai-je dit.

Merde, je ne voulais pas aller avec lui, ni parler avec lui, ni faire quoi que ce soit avec lui. Ou avec qui que ce soit d'autre.

« Je sais ce que tu ressens, a dit Lazarus. Belt le sait aussi. L'important, c'est que tu ailles bien. Belt est très content de la façon dont tu t'es comporté. »

Je l'ai regardé.

« Il est content, et je suis infirme.

– Écoute, continua Lazarus. C'est exactement la façon dont nous ne voulons pas que tu penses. Bien sûr que t'as mal. Mais pas tant que ça et pas pour longtemps. Ça fait trois jours que tu traînes tes miches ici. On ne t'a rien dit. Ni Belt ni personne. Mais trop c'est trop. Belt veut que tu sortes de la chambre. Il dit que tu es prêt. Il demande que tu sortes avec moi ce soir. Il se fiche que tu ne nous aies pas rejoints pour l'entraînement ces deux derniers jours. »

Belt avait essayé de me remettre dans cette putain de piscine sèche. « Enfile un kimono, et viens dans la piscine pour deux, trois coups de pieds latéraux et arrière. » Deux, trois ! Mon Dieu, Belt donnait deux mille coups latéraux avec chaque jambe tous les jours, et c'était seulement une partie de la séance. J'avais *peur* d'entrer dans la piscine avec lui.

« Mais Belt veut que tu sortes de la chambre ce soir, dit Lazarus. Il veut que tu viennes avec moi.

– Où ça ? demandai-je.

– À Miami. Vingt-Septième Avenue. L'Iron Horse. Je suis videur.

– Videur ?

– Bien sûr. On est tous videurs. Juste dans des endroits différents. Tu seras videur toi aussi, si tu restes. Ça ou garde du corps. Quelquefois, on est engagés comme gardes du corps pour des artistes qui se produisent dans de grands hôtels ou sur la plage. »

Je dois dire que j'ai été surpris de découvrir que nous faisions tous autre chose que de nous battre entre nous pour l'entraînement.

Mais je suis allé avec lui. J'étais resté trois jours allongé dans cette chambre en pensant que j'avais été démoli par une connasse, estropié par une fille, j'étais donc à point pour sortir de cette chambre.

Faulkner, il a un minibus. Belt, je veux dire. Un minibus. Bleu, garé dans les mauvaises herbes derrière le Sun'N Fun. Il porte le mot « DÉFENSE » peint partout en lettres rouges, sur les côtés, à l'avant et même sur le toit, et à l'arrière ça dit : « VOILÀ LA DÉFENSE ». De quoi vous faire tourner la tête. Ça a fait tourner la mienne. Je suis resté là un bon moment, à le regarder garé dans les mauvaises herbes.

« Je ne savais pas que vous en aviez un.

– Disons que Belt aimerait bien que nous allions partout en courant. Le hic, c'est qu'on ne peut pas courir pour aller travailler parce que – la plupart du temps – on bosse dans des endroits très chics et qu'on ne peut pas se pointer la figure rouge et suant comme un bœuf. »

On est montés dans le minibus et on est partis pour Miami. Lazarus était vêtu d'un costume et d'une cravate bleu nuit, et d'une chemise blanche avec col anglais. Je portais le même genre de costume. Le sien. Il me l'avait prêté et même aidé à l'enfiler, braguette comprise. Il faisait tout pour moi depuis que je m'étais cassé les mains.

« Sympa de ta part, de me prêter ton costume, fis-je.

– C'est rien. J'en ai une centaine. Un bon Dieu d'uniforme, voilà ce que c'est. »

Il a pris le revers de la veste entre ses doigts et a dit entre ses dents : « J'ai passé ma vie dans un de ces costumes. »

Il avait plu, la rue luisait sous les réverbères, et la figure récurée de Lazarus luisait également. La peau de son visage était comme le cuir d'un ballon de football, toute couturée. Entre nos deux sièges était posé un sac en papier. Lazarus l'avait pris à la cuisine.

Il était prêt et nous attendait. Légumes verts et feuillus, viande rouge, fruits et lait, c'est ce que Lazarus m'avait dit qu'il contenait. Mais je savais qu'il était plein de ces foutues pilules. Je pouvais les entendre cliqueter au fond, et je me suis dit qu'il y avait là de quoi rendre malades quatre gars pendant une semaine.

« Je n'ai jamais porté beaucoup de costumes », lui signalai-je, histoire d'entretenir la conversation et de lui faire oublier les pilules qu'il espérait partager avec moi. « Je n'en ai jamais porté assez pour qu'on puisse parler d'uniforme. Faut dire que je suis du Mississippi, tu sais ?

– Non, répondit-il. Je n'en savais rien. Je suis de Hartford, dans le Connecticut. J'ai bossé trente ans dans une compagnie d'assurances. Trente ans dans le même uniforme.

– T'as dû aimer.

– Dieu me pardonne. Je suppose que oui. Est-ce que je t'ai déjà raconté comment j'ai hérité de ce nom rigolo ?

– Ton nom n'est pas si rigolo que ça. T'aurais dû voir quelques-uns des types que j'ai connus en Californie.

– Quand j'ai fini par quitter ce boulot à Hartford, je suis venu en Floride. En voiture. Avec ma femme. Les réservations de motel se sont mélangées. Il pleuvait. La saison de la mousson en Floride. Je me suis arrêté par hasard au Sun'N Fun pour demander mon chemin. Et je ne suis jamais reparti. Ma femme est partie. Mais pas moi. Belt m'a ramené d'entre les morts. Il m'a ramené et je suis venu. C'est pour ça que j'ai pris le nom de Lazarus.

– C'est quoi ton vrai nom ? »

Lazarus a souri de nouveau.

« Je ne me souviens plus. Viens, c'est là qu'on s'arrête. »

On est entrés par une allée circulaire et on s'est arrêtés.

« Regarde ça », dit Lazarus.

Droit devant, juste en face de nous, se cabrait un cheval noir en fonte haut de quatre étages.

Lazarus a redémarré en souriant, tandis qu'on passait sous le cheval. Un homme en costume rouge a ouvert la portière. Il portait une casquette bleue avec un galon doré. Lazarus et moi sommes sortis du minibus. L'homme est entré dedans et il est parti avec. On est restés sous le ventre du cheval de fer.

« Regarde ses couilles, dit Lazarus. T'en as jamais vu des comme ça. »

J'ai levé les yeux. Il avait raison. Lazarus prétendait que les couilles du cheval pesaient deux cents kilos chacune.

« Pour les clients, précisa-t-il. Herbie prétend que s'il a installé là ce satané cheval de quatre étages, c'était juste pour pouvoir y accrocher ses couilles à lui. »

On est entrés, et sur la porte, il y avait un écriteau gros comme un panneau d'affichage qui disait : « CELLES D'HERBIE SONT DEDANS, OÙ SONT LES VÔTRES ? » Au plafond, un lustre plus gros que les couilles du cheval diffusait une lumière plus brillante que l'espoir des cieux. Sur le côté, un Japonais artificiel travaillait dans un jardin japonais en rochers artificiels.

Je n'ai jamais compris ce qu'elle voulait dire, la grande phrase, là-bas : celles d'Herbie sont dedans, où sont les vôtres ? Si un type veut vous emprunter une cigarette, il aura tendance à vous le demander. Ou s'il veut vous payer un verre ou que vous lui en payiez un, il le dira clairement, ou il le dira sans le penser vraiment.

« J'ai vu des champs de coton plus petits que l'Iron Horse, où il y avait assez de gens pour commencer une guerre. » C'est ce que j'ai dit à Lazarus quand on est entrés.

« Assez de gens pour commencer une guerre, répétai-je.

– Ils l'auraient déjà fait, dit Lazarus, si je n'étais pas là. »

Lazarus m'a présenté au type derrière le bar et à quelqu'un, qui ressemblait à un vieux bouc, assis sur une chaise rembourrée à côté de la piste de danse. Il s'appelait Herbie. L'endroit lui appartenait. Il avait des yeux de femme et du poil au menton. Pas de barbe, juste des poils – une cinquantaine apparemment, longs à peu près comme un doigt et très blonds.

Je n'aurais pas été surpris qu'il bêle quand je l'ai salué, mais il ne l'a pas fait. Il parlait. Mais c'était sacrément sûr qu'il me rappelait un bouc. Malgré son eau de toilette, pour moi, il sentait quand même le bouc. Bref, Lazarus leur a dit – à lui ainsi qu'au barman et à une serveuse qui exhibait au moins deux mètres carrés de peau – qui j'étais, et de mettre tout ce que je voulais sur sa note. Puis il m'a dit qu'il avait quelques trucs à régler et que je n'avais qu'à me balader dans le coin en agissant normalement, prendre du bon temps et qu'il me verrait plus tard.

Je savais que ça partait d'un bon sentiment, mais comment prendre du bon temps dans ce genre de lieu public avec deux kilos de plâtre à chaque main ? J'étais au bar, un pied posé sur la barre. Elle était en cuivre, mais je ne connaissais personne qui savait quoi faire d'une barre en cuivre et je me tenais là, un pied dessus, quand le barman s'est pointé et m'a demandé : « Ça sera quoi ? » Sans même y penser, j'ai répondu : « Un double Jack Daniel's Green avec l'eau à côté, je ferai le mélange moi-même. »

Il l'a apporté et l'a posé en face de moi. Et il est resté là à me regarder. Et je suis resté là à le regarder. Je me demandais s'il avait vu mes mains. J'étais debout près du bar, les mains le long du corps, là où il ne pouvait pas les voir, mais s'il les avait déjà vues, s'il avait déjà vu que j'étais bizarre avec quatre kilos de plâtre à chaque main, alors je pouvais lui demander de mélanger l'eau et le whisky pour moi. Je pouvais même lui dire de lever le verre et de me le verser dans la bouche. J'y ai réfléchi, et je me suis vu penché sur le bar, les bras le long du corps, les mains cachées, le cou tendu, la bouche ouverte, et ce putain de barman verser le Jack Daniel's Green directement dans ma gorge. Mais je n'ai pas pu supporter l'idée alors j'ai dit, du ton le plus normal possible : « Où sont les toilettes, mon pote ? »

Il a jeté un coup d'œil vers le fond de la pièce, j'ai regardé et j'ai aperçu, derrière la piste de danse, un pictogramme peint en bleu pétant, assez gros et assez brillant pour être vu par un aveugle.

Le pictogramme disait « SETTERS » et « POINTERS » et représentait deux chiens, l'un assis et l'autre debout, peints du même bleu sur chaque porte.

« Merci », j'ai répondu.

Je suis parti d'un pas nonchalant en gardant les mains devant moi pour que le barman ne puisse pas les voir. Je suis allé jusqu'à la porte « POINTERS », mais à peine l'avais-je franchie que je me suis rendu compte que je ne pouvais pas sortir mon « *pointer* ». Je le savais déjà – Lazarus m'avait dézippé et tenu popaul dans la chambre du motel –, mais ce n'est pas vraiment le genre de chose dont on se souvient. C'est trop horrible. Tu tiens ta propre bite pendant dix-neuf ans et, en un instant, tu te retrouves si amoché que quelqu'un doit le faire à ta place… C'est quelque chose que tu oublies, que tu te forces à oublier.

Et là, je me suis soudain souvenu que j'étais incapable de sortir ma bite et que je n'avais pas besoin de pisser parce que j'étais venu aux toilettes pour m'éloigner du barman, mais que l'envie m'en était venue maintenant, probablement parce que je savais en être incapable à moins de pisser dans mon pantalon. Les toilettes étaient immenses et comportaient une longue rangée de cabines en bois et une longue ligne d'urinoirs étincelants et, pendant que je me tenais là à regarder les urinoirs en pensant comme ce serait bon de m'avancer et de la sortir, une femme est apparue au coin des cabines.

Une femme !

Figé sur place, la hantise de tout homme m'est tout de suite venue à l'esprit : *Je suis entré chez les* setters *par erreur.*

C'était une fille magnifique. Mince, de longs cheveux blonds. Elle portait une minijupe verte qui semblait en soie et tombait droit sur son joli cul et ses belles jambes, et j'étais incapable de bouger ou de respirer ; puis elle s'est avancée jusqu'aux urinoirs sur ses hauts talons, s'est arrêtée, a saisi le bord de sa minijupe d'une main et, de l'autre, a attrapé la plus grosse bite que j'aie jamais vue.

Elle portait un slip blanc, en a sorti cette énorme bite surmontée d'une tête rose et parcourue d'une veine bleue, et elle a fait jaillir contre l'urinoir un jet jaune qui aurait fait rougir un cheval. Une fois qu'elle a eu pissé comme ça, quelque chose s'est brisé en moi. J'ai pu bouger à nouveau, j'ai fait demi-tour et j'ai foutu le camp.

Je suis revenu droit sur le bar. Le barman était toujours devant mon whisky. Il essuyait un verre. J'ai balancé mes mains plâtrées sur le comptoir, une de chaque côté du Jack Daniel's, je l'ai regardé droit dans les yeux et j'ai dit : « Vous ne voudriez pas le verser pour moi ? »

Il a pris le verre à shot et j'ai dit : « Pas dans l'eau, ici. »

J'ai ouvert la bouche comme un oiseau attendant son ver et il me l'a versé dans la gorge. J'ai failli m'étrangler, mais je m'en foutais. J'avais besoin de ce whisky.

« De l'eau ?

– Non, mais vous pouvez m'en servir un autre. »

C'est ce qu'il a fait. J'ai ouvert tout grand la bouche. Il l'a versé pour moi.

J'ai aperçu Lazarus et je me suis approché de lui. Je lui ai raconté ce qui s'était passé. Il n'a même pas cillé. Il avait l'air ennuyé.

« Bien sûr, a-t-il dit quand j'ai terminé. Tout le monde est travesti, ici. Les hommes en femmes. Les femmes en hommes. Et quelques-uns habillés comme les deux. Minijupes et slips. Tu as juste vu une imitation particulièrement réussie. Je sais même qui c'est. Elle est ailier dans une équipe professionnelle de football. Hors saison, elle vient ici et drague en minijupe.

– Elle a une de ces bites.

– Ouais, j'en ai entendu parler. On ne parle que de ça ici.

– Je comprends mieux pourquoi elle va dans les toilettes des hommes.

– C'est pour les touristes.

– Les touristes ?

– C'est une règle stricte à l'Iron Horse. Herbie reçoit beaucoup de touristes hétéros, donc il a établi une règle stricte qui dit que les travestis ne comptent pas quand on va aux gogues. C'est la seule chose raisonnable, ici. Est-ce que tu imagines la femme obèse d'un concessionnaire automobile de Little Rock, en Arkansas, venir se soulager la vessie et tomber sur ce type en minijupe lui sortant ce truc de dix-huit centimètres sous le nez ? Herbie sait reconnaître un futur procès quand il en voit un.

– La prochaine fois que tu lui parles, demande-lui s'il imagine un type du Mississippi entrer là-dedans et voir une fille débarquer un kilo de bidoche de son slip.

– Ah, mais là, il n'y a pas de risque de procès. »

Pendant que nous parlions, un rideau en velours pourpre s'était ouvert derrière la piste de danse. On y avait installé une scène, une scène grande, mais pas haute, juste un mètre au-dessus de la piste. Deux filles dansaient sur une musique qui sortait des haut-parleurs de chaque côté. Quelque chose en elles et dans ce qu'elles faisaient me semblait familier, vraiment familier. Et puis j'ai trouvé. C'étaient des filles. Des *vraies* filles, je veux dire. Le genre à qui on n'a pas peur de tendre le cul et qu'on est sûrs de ne pas voir porter un slip. Je n'avais pas oublié le joueur de football en minijupe.

« Ce sont des filles ? j'ai demandé.

– Elles sont nouvelles. Elles ne sont au club que depuis deux jours. Je ne peux pas en être sûr. Il y a de bonnes chances pour que ce soient des vraies. Les lesbiennes mâles aiment bien les filles hétéros sur scène. Ça les aide à croire que leur propre chatte est une bite.

– Eh bien, tu vis dans un drôle de monde, n'est-ce pas, Lazarus ?

– Pas plus étrange que celui dans lequel j'ai vécu pendant trente ans, a-t-il dit en clignant de l'œil. Maintenant, surveille les gens en jupes courtes. Il faut que j'aille vérifier les cartes d'identité à la porte. Aucun pervers de moins de vingt et un ans n'est autorisé à entrer ici.

– Pourquoi ?

– Les pervers de moins de vingt et un ans croient qu'ils sont normaux. Ça crée des ennuis. »

Il n'avait même pas souri en disant ça, et je suis resté là à me sentir mal. Il faut que vous compreniez bien comment je me sentais, pourquoi je me sentais aussi pourri. Tout ça à cause de ce que cette Gaye Nell Odell m'avait fait dans le grand bain de cette piscine sèche. Bon Dieu. Si seulement j'avais pu, j'aurais vérifié mes propres couilles. Je n'étais pas sûr de toujours les avoir. C'est pas tous les jours que je me fais esquinter comme ça par une fille.

Elle savait cogner, ça c'est sûr. À n'y pas croire. Pas moyen d'y croire à moins de l'avoir vu. J'ai su que c'était terminé quand je l'ai vue se tourner et frapper ce truc qu'ils ont fixé sur le côté de la piscine. La planche makiwara. Ça tue les terminaisons nerveuses de la main. Ça développe ton coup de poing. J'ai parfaitement développé mon coup de poing. Je ne serai probablement pas capable d'ouvrir la main pendant six mois, et si les terminaisons nerveuses de ma main ne sont pas mortes, elles ne mourront jamais. On me tuera avant de tuer mes terminaisons nerveuses. Quel intérêt si vous êtes vous-même mort ? C'est une question pour vous.

Bref, c'était comme ça que je me sentais. Ce que je voulais réellement faire – ce que j'avais besoin de faire –, c'était de mettre une fille quelconque sur le dos et de la baiser jusqu'à en devenir sourd, muet et aveugle. Juste m'enraciner en elle jusqu'à sentir que mes couilles étaient de retour, vu que depuis que Belt et ses garçons m'avaient sorti de cette piscine et trimballé comme une bête de foire, je me sentais comme à la fin du monde, alors que tout allait bien chez moi, sauf ce que cette Gaye Nell Odell m'avait fait. Et voilà pourquoi je me tenais aussi près que possible de la scène où les deux danseuses travaillaient.

Et mon Dieu, elles travaillaient vraiment. Un boulot de vraies filles. Je n'avais pas eu besoin de plus de deux ou trois minutes pour être sûr de ce que je matais. Elles avaient toutes les deux des cheveux noirs. Des cheveux noirs comme vous n'en avez encore jamais vu. Jusqu'au milieu du dos. Elles étaient toutes les deux minces, et l'on pouvait voir leurs muscles de danseuses jouer sur leurs jambes, leur dos et leur ventre. Elles portaient une espèce de tissu ressemblant à de la gaze, et une sorte de poncho qui leur arrivait au bas du ventre et jusqu'aux creux des jambes. Il y en avait une bonne couche dessus, mais apparemment rien dessous. Elles tournaient et vous dévoilaient un côté nu des aisselles aux chevilles.

Je suis resté là cinq minutes à me dire qu'elles avaient dû prendre le soleil à poil pour avoir les hanches et le postérieur de cette couleur, quand soudain la plus petite s'est mise à danser juste en face de moi.

Bon, si vous êtes déjà allé dans une boîte à strip-tease et qu'une fille s'est mise à danser pour vous, vous savez de quoi je parle. Tous les déhanchements vous arrivent droit dessus, chaque fois qu'elle ouvre la bouche et se lèche les lèvres vous le sentez sur votre propre bouche, et quand elle suce et fait la moue vous pétez juste les plombs sur place. Et le faire comme ça pour vous tout seul, le jouer privé rien que pour vous, ça le rend meilleur pour tout le reste du public.

C'est comme mater par la fenêtre de quelqu'un d'autre. Et comme tout le monde le sait, bien que personne ne veuille l'admettre, regarder un couple baiser est meilleur, sacrément meilleur, que de le faire soi-même. Dans une certaine limite. Quand arrive le moment de décharger, tout le monde préfère bien sûr passer à l'action. Personne ne veut plus regarder.

Mais, de toute façon, cette petite était en train de travailler pour moi, voyez-vous, et j'en devenais dingue. Sans faire quoi que ce soit, juste à rester là figé comme un lapin dans la lumière des phares, à devenir dingue. Le silence s'était fait dans toute la salle. Tout le monde regardait. L'autre fille travaillait aussi pour moi, maintenant. L'endroit devenait de plus en plus calme, et je savais que tout le monde devenait dingue. Ils étaient trois derrière l'ombre de la fenêtre. Trois dans le lit. La plus petite faisait glisser le truc en gaze entre ses jambes, le rattrapait dans le dos, se frottait dessus, elle faisait la moue et se suçait le doigt et je me suis dit : « D'accord, je viens du Mississippi, mais ça ne fait pas de moi un attardé pour autant. » Je me suis donc dirigé vers les coulisses. Je pensais, d'après la musique et la façon dont elles transpiraient, que, de toute façon, ça n'allait pas tarder à finir, en plus du fait que j'étais sur le point de perdre les pédales. La foule a poussé un long soupir, a hurlé, mais je ne suis même pas retourné pour saluer.

J'étais dans les coulisses quand elles sont sorties toutes transpirantes et en me souriant comme si j'étais un enfant perdu.

« *Hi* », m'a dit la petite.

J'étais là, debout, si tendu que je ne pouvais même pas parler. Et puis elle a vu mes mains et elle a cessé de sourire.

« Nom de Dieu, qu'est-ce que tu as fait de tes mains ?

– Ça va aller, j'ai dit. Elles ne sont même pas cassées, juste salement foulées. Toutes les articulations ont changé de place.

– Comment ça t'est arrivé ? Comment ? »

Bon, je ne pouvais pas leur raconter que j'avais cogné contre le bord d'une piscine sous les yeux de onze personnes, donc j'ai répondu, rapide comme l'éclair : « Vous avez fait quelques jolis pas, là-bas. J'ai déjà vu danser dans le temps, mais je vous jure que j'ai cru que mon crâne allait décoller rien qu'à vous regarder. »

Elle a rougi. Dieu me vienne en aide si elle ne l'a pas fait. Mais je n'ai même pas été surpris. Pas un poil. J'ai connu plusieurs putes qui rougissaient, et au moins un maquereau. Le type que j'ai connu à Tupelo maquait des filles noires dans les Quarters. Il disait : « Hé, mon pote, qu'est-ce que tu dirais de l'enfoncer dans de la viande noire ? », et puis il rougissait. Merde, on ne peut jamais rien savoir avec l'être humain.

« Tu veux voir notre chambre ? a demandé la plus petite. Là où Herbie nous a mises ? »

Bon, j'ai essayé de rester désinvolte, mais c'est le genre de propos qui m'excite. « Bien sûr. J'adorerais ça. »

Elle m'a donc montré le chemin et je les ai précédées dans l'espèce de couloir qui menait derrière la scène, tout en leur disant par-dessus mon épaule combien j'avais apprécié leurs pas de danse.

On est arrivés devant une porte et elle a dit : « C'est là. »

Il n'y avait rien sur la porte. Quelque part, j'avais espéré quelque chose, mais il n'y avait rien, juste cette porte en bois sale et même pas peinte, avec une poignée branlante.

« Entre. »

Elle a tendu le bras et a ouvert la porte. Juste sous mon nez, étalé et épinglé au mur, il y avait mon pull Faulkner. Les yeux d'aluminium fixaient les miens et j'ai compris qu'on changeait de jeu. J'ai sauté sur le côté, je me suis mis en position du chat comme Lazarus me l'avait appris et j'ai poussé un *kiai*.

J'ai hurlé et j'ai placé mes mains plâtrées en position, mais sans hésiter, elles se sont contentées d'avancer dans la pièce comme si je n'avais rien fait. La plus petite avait enlevé ses cheveux, et, en fait, c'était Marvin.

« L'addict au calme l'a eu », a-t-il dit.

Maintenant que Marvin n'avait plus ses cheveux, sa voix avait changé. Et George avait également retiré les siens et ils étaient là, debout, pleins de faux cils et de rouge à lèvres, exhibant des flancs nus et des jambes... des jambes... Dieu, quelles merveilleuses jambes. Puis, d'un ton aussi froid et réfléchi que s'il avait commandé un hamburger, Marvin a dit : « Ferme la porte, George. »

Et il l'a fermée ! Le fils de pute l'a fermée.

Perdu dans ses souvenirs, John Kaimon grince des dents et cogne ses mains contre son matelas. Gaye Nell Odell s'est approchée très près de lui avant qu'il ne la voie. Il ouvre les yeux et tourne la tête. Elle rampe sur le sol. Dans l'ombre de la chambre, ses yeux ont l'air verts.

« Je croyais que tu étais endormie.

– Non. Qu'est-ce qu'ils ont fait après avoir fermé la porte ? »

7

« Tout ça, c'est personnel. C'est quelque chose de personnel.

– Écoute, je veux juste savoir ce qu'ils t'ont fait.

– Je croyais que tu dormais. Tu n'étais pas supposée entendre. J'étais en train d'écrire une lettre.

– Tu parlais.

– J'écrivais une lettre.

– Tu n'as pas frappé le makiwara avec la *tête*, quand même ?

– C'est censé être drôle ? »

Elle lui rendit son regard et ne répondit pas.

« Si tu veux le savoir, c'est avec le makiwara et cette fichue de piscine que tout a commencé.

– Si ça te rend les choses plus faciles d'y croire, vas-y.

– C'est la vérité.

– Chacun s'invente une raison d'être là.

– Quelle est la tienne ?

– Ça ne t'intéresserait pas.

– Tout ce qui te concerne m'intéresse.

– Pourquoi ?

– Parce que je t'en dois une.

– Tu ne me dois rien.

– Alors, tourne-le dans l'autre sens. Tu m'en dois une.

– Qu'est-ce que je te dois ? demanda-t-elle, le visage collé au sien.

– C'est à cause de toi si j'ai récupéré mon pull Faulkner de cette façon. »

Elle jeta un coup d'œil au-dessus du lit, là où le pull pendait à un clou. Dans les plis, on ne voyait qu'une joue et un œil.

« Où as-tu eu ce pull ?

– C'est moi qui l'ai fait.

– Tu as lu Faulkner ?

– Tu connais aussi Faulkner ? demanda-t-il.

– J'ai eu un diplôme, dit-elle.

– Un diplôme ? T'es vraiment diplômée ?

– Bien sûr. Mavis voulait seulement que je m'inscrive pour me présenter au concours de beauté.

– Qui est Mavis ?

– Ma mère.

– Oh.

– J'ai été Miss Université de Broward County en première année. Mais j'aimais l'école. J'y suis restée et j'ai eu mon diplôme même après avoir remporté le titre. On a travaillé tout un mois sur Faulkner. On a lu *La Fureur et le Bruit*, et aussi deux nouvelles.

– C'est *Le Bruit et la Fureur*, dit John Kaimon. Pas *La Fureur et le Bruit*.

– Tu as aimé le livre ? demanda-t-elle.

– Je ne l'ai jamais lu. Je n'ai jamais rien lu de ce qu'il a écrit.

– Pourtant tu as un pull avec son portrait.

– Exact, dit John Kaimon. Je suis moi-même d'Oxford. Tu vois ?

– Non. Je ne vois pas.

– Je croyais que tu avais travaillé un mois sur William Faulkner ?

– C'est vrai, dit-elle.

– Alors tu devrais savoir qu'il était d'Oxford, dans le Mississippi.

– On ne parlait pas de l'endroit d'où Faulkner venait. On parlait de pourquoi tu as son portrait sur ton pull.

– Je vois que tu n'es jamais allée à Oxford, dit-il.

– Non. Je n'y suis pas allée, mais ça n'a rien à voir.

– Ça a tout à voir, au contraire. Je viens d'Oxford, dans le Mississippi, donc je me balade avec le portrait de Faulkner. Si j'étais catholique, je porterais une médaille de saint Christophe. J'ai connu un Hell's Angel qui ne serait jamais monté sur sa bécane sans un Saint-Christophe. Mais c'était un putain de catholique. Il pouvait se le permettre. Je ne suis pas catholique. Je suis d'Oxford, dans le Mississippi.

– Qu'est-ce qu'ils t'ont fait après avoir fermé la porte ?

– Ils m'ont baisé. »

Elle lui avait glissé la question en douce. Il fut consterné qu'elle la lui ait posée, et plus consterné encore d'y avoir répondu. C'était uniquement le souvenir de ce qu'elle pouvait faire avec ses mains et ses pieds qui le retint de la frapper. Elle était là, allongée par terre sur le ventre depuis un bon moment, ses yeux verts flamboyaient à quelques centimètres de lui dans la pièce ombreuse. Puis elle se leva lentement et se dirigea vers le bouddha. Elle alluma un autre bâton d'encens.

« Tous les deux ? » demanda-t-elle en lui tournant le dos.

Il ne répondit pas. Il avait la langue coincée entre les dents.

« Bien sûr, tous les deux, dit-elle. Quoi d'autre ? » Elle revint s'allonger à ses côtés sur le tatami. Elle lui caressa le menton d'un doigt.

« Pauvre petit. Pauvre ceinture blanche de karaté.

– Ceinture blanche de karaté, mon cul.

– Si tu avais été meilleur qu'une ceinture blanche, tu aurais pu éviter d'être violé par deux fausses femelles à l'arrière de l'Iron Horse.

– J'aurais pu l'éviter si mes mains n'avaient pas été couvertes de plâtre, répondit-il d'une voix amère.

– C'est bien ce que je dis. Moi, j'aurais pu tuer ces deux types même si mes mains avaient été coupées à partir du coude. Violé, et par deux travelos, en plus !

– Pas deux, dit-il. Pas deux ! »

Elle leva les sourcils.

« Tu as dit deux.

– J'ai jamais dit ça. C'est toi qui l'as dit.

– Que faisait l'autre ?

– Il m'enduisait de beurre de cacao.

– Oh. »

Il y eut à nouveau un silence, et à nouveau il se coinça la langue entre les dents. Jusqu'à ce qu'il ne puisse plus tenir.

« Il fallait juste que tu le saches, hein ? Il fallait que tu saches tout pour pouvoir me le rappeler. Combien de temps vais-je l'entendre ? »

Elle sourit doucement.

« Je ne me souviens jamais de ce qui s'est passé la veille.

– Hé, cria-t-il, très surpris, épouvanté. Qu'est-ce que tu fais ?

– Tout va bien ?

– Allons, attends, dit-il en reculant aussi loin qu'il le pouvait jusqu'à ce que le mur l'arrête. Qu'est-ce que tu es en train de faire ? »

Elle s'arrêta et le regarda paisiblement dans les yeux.

« Il est parfaitement évident que je t'ouvre la braguette.

– Pourquoi ? Pour l'amour du ciel, pourquoi ?

– Parce que tu ne peux pas le faire. Lazarus m'a tout raconté.

– Lazarus t'a dit qu'il m'avait ouvert la braguette ?

– Allons, on savait bien que quelqu'un devrait le faire, on savait que tu ne pouvais pas tout seul.

– Très bien, très bien. »

Il se tortillait. « Donc, tu sais tout sur le sujet. Alors arrête. Arrête ! »

Elle en avait fini avec la fermeture éclair et débouclait sa ceinture. « Je t'en dois une. Tu l'as dit toi-même, je t'en dois une. »

Il arrêta de se tortiller. Il avait enfin compris. Elle lui baissait son pantalon. Ses mains ! Dieu, elle avait les mains sur lui !

« C'est pas correct, suffoqua-t-il. C'est pas correct. » Il voulait lui dire que quelque chose clochait avec son visage.

« C'est rien, dit-elle. Ça ne me gêne pas.

– Moi oui. Ça me gêne.

– Plus pour longtemps », dit-elle.

Il avait le pantalon autour des chevilles, la chemise retroussée. Elle lança ses genoux de part et d'autre des hanches de John Kaimon et l'enfourcha. Elle se laissa lentement tomber. Et, chose incroyable, il vint à sa rencontre. Il se regardait, ébahi, comme un spectateur, se cambrer vers elle, disparaître. Elle s'assit sur lui, le chevauchant, et le regarda de ses yeux mornes et paisibles, la couleur de son visage inchangée, les lèvres aussi droites et naturelles que si elle était morte.

« Là, dit-elle.

– Écoute. Écoute, quelque chose cloche avec ton visage.

– Qu'est-ce que mon visage vient faire là-dedans ?

– Tu ne comprends pas ? dit-il. Je ne veux pas le faire comme ça.

– Bien, pourquoi ne l'as-tu pas dit avant ? Comment tu préfères ? Debout ? À genoux ? Je...

– Gaye Nell Odell…

– J'aimerais que tu ne m'appelles pas comme ça.

– Je ne peux pas t'appeler "*Hey*, toi", quand on est comme ça. Et ton visage ne va pas.

– Tu ne voudrais quand même pas tout un tas de soupirs, de gémissements et de roulements d'yeux, si ? »

Et avant qu'il ne puisse répondre, elle bougea légèrement et il blêmit.

« Je te connais à peine », murmura-t-il.

Elle leva les mains et posa les doigts sur son visage. « Tais-toi, dit-elle. Tais-toi. Calme-toi. »

Son corps était aussi immobile que possible, enfourché comme il l'était, une partie de lui-même ne pouvait rester tranquille et pulsait avec les battements de son cœur. Un camion passa dans la rue. Ensuite, ils entendirent les criquets dans les herbes derrière le motel, là où le minibus était garé.

« Bien, dit-elle. C'est assez silencieux. C'est assez calme. Maintenant *ressens*… ressens ça. »

Elle était aussi paisible que lui, si paisible qu'elle ne semblait pas respirer. Ses yeux étaient rivés aux siens. Il était sur le point de parler à nouveau quand il fut attrapé et trait en un mouvement de succion ferme et rythmé. Il n'arrivait pas à y croire vu qu'elle n'avait pas bougé. Et puis le mouvement reprit. Et encore une fois.

« Mon Dieu, murmura-t-il en une fervente supplique.

– Sphincter, dit-elle.

– Sphincter, répéta-t-il rêveusement, perdu dans la sonorité du mot.

– Le muscle du sphincter. C'est juste une histoire de contrôle du muscle.

– Oui, souffla-t-il. Oui. »

Mais ce n'était pas à ce qu'elle disait qu'il répondait, mais bien à ce qui lui arrivait.

« Je suis heureuse que tu le comprennes enfin. »

Ils étaient tous les deux impassibles comme des rochers, mais le garçon devenait de plus en plus rouge. La couleur du visage de la fille n'avait pas changé, sa respiration non plus. Celle du garçon sortait entre ses dents. Ses yeux étaient clos.

« Est-ce que tu aimerais me sucer ? » demanda-t-elle de sa voix monocorde.

Il ne répondit pas. Ses plâtres tapaient contre le sol lentement, régulièrement.

« Tu veux ma poitrine ? » demanda-t-elle.

Il se mit à siffler oui oui oui à travers ses dents. Aveugle et sourd, il était suspendu au-dessus d'un abysse sans nom. Tout ce qui l'élevait lui promettait de redescendre et de lui faire connaître tout ce qu'il ne pouvait ni nommer, ni dire, ni voir. Et chaque fois que ça l'élevait, il gémissait oui.

Elle se pencha sur lui et son téton lui caressa la bouche. Il le prit à l'aveugle et le suça sans ouvrir les yeux, comme si c'était la source de la vue, comme si c'était la source de tout le futur et de sa vie. Un sourire impénétrable éclaira brièvement le visage de la fille avant de disparaître.

« Je t'ai vu, je t'ai vu là-haut sur le sable pendant que j'étais encore sur les rochers. Et puis tu es venu vers nous pour nous parler. J'aurais voulu te parler, à ce moment-là. Je voulais que tu viennes avec nous et je craignais que tu ne le veuilles pas. Ou que tu ne le puisses pas. Mais, tu es là maintenant. »

Elle était accroupie sur lui. Sur le mur d'en face, le bouddha rougeoyait dans les cendres de l'encens. Seul le mouvement doux et cadencé de ses plâtres rompait le silence. Son visage devenait de plus en plus rouge. Il suçait de plus en plus fort. Son corps se raidissait. Ses jambes tremblaient. Ses bras cessèrent de bouger, frémirent et claquèrent sur le plancher. Les deux plâtres éclatèrent et les morceaux s'éparpillèrent dans toute la pièce.

Ses seins étouffèrent partiellement son cri.

8

John Kaimon s'éveilla en regardant son pull Faulkner. D'une façon ou d'une autre, l'autre œil avait émergé des plis pendant la nuit. En raison de la position du vêtement, un œil était plus bas que l'autre. Il n'éprouvait aucune satisfaction à fixer le visage déformé de Faulkner. Il tourna la tête et regarda la chambre. L'autre matelas était vide. L'encens était consumé. La pièce était tendue de chaleur. Il devait être pas loin de midi. John Kaimon se leva pour aller à la salle de bains. Une boîte de Tampax ouverte était posée sur une étagère carrelée à côté du lavabo. John Kaimon la regarda fixement. C'était comme découvrir une boîte de Tampax dans la salle d'entraînement de Joe Frazier.

Le pantalon de John Kaimon, ceinture et braguette ouvertes, reposait sur ses chevilles depuis l'attaque de Gaye Nell Odell la nuit d'avant. Il avait clopiné comme ça jusqu'à la salle de bains. Son estomac grondait. Il se sentait faible. Il se regarda dans le miroir au-dessus du lavabo. Ses mains pendaient à ses côtés. Il ne les avait pas encore regardées. Il aurait pourtant voulu. Il voulait regarder ses mains depuis qu'il avait ouvert l'œil et vu le visage estropié de Faulkner. Il le fit maintenant. Mais pas directement. Il leva les mains, mais ne les regarda pas. À la place, il regarda leur reflet. Il les étudia longtemps dans la glace. Elles étaient encore enflées. Mais pas trop. Juste aux articulations. Et aux articulations, là où elles étaient encore enflées, courait une bande de peau noire et légèrement bleue. Il les vit fléchir dans le miroir et sentit la douleur remonter jusqu'à ses poignets.

Plusieurs tiroirs se trouvaient sous le lavabo, devant le miroir. Il en ouvrit un. Dentifrice, brosse à dents, rasoir, boîte de lames ouverte, paire de ciseaux, boîte qui semblait avoir autrefois contenu des boutons de manchette, demi-feuille de papier sur laquelle quelqu'un (apparemment Gaye Nell Odell) avait écrit *Chère Mavis* mais rien d'autre, et une trentaine de cure-dents usagés.

John Kaimon emplit le lavabo d'eau chaude. Il y plongea lentement les mains. Il ouvrit et referma les doigts jusqu'à ce que la douleur se calme, et il sortit entièrement ses mains. Il déboutonna sa chemise avec difficulté et l'ôta. Dans le miroir au-dessus du lavabo, il surveilla les expressions de son visage pendant qu'il se servait de ses mains. Il enleva ensuite son caleçon et son pantalon. Il sortit le rasoir et les ciseaux du tiroir. Il s'examina longuement, puis avec les ciseaux, il traça soigneusement une ligne blanche horizontale au centre de son visage. Puis il coupa une touffe de poils sur son menton, laissant une tache blanche particulièrement vulnérable.

Il glissa les ciseaux dans ses cheveux au-dessus de son oreille gauche et coupa le long d'une ligne verticale qui passait par le sommet de son crâne jusqu'à l'autre côté. Il avait maintenant sur la tête une croix parfaitement dessinée dans ses cheveux. Mais il fit une autre coupe au hasard et déséquilibra la croix. À partir de là, il se tailla la barbe et les cheveux partout où il en trouvait, jusqu'à ce qu'il en eût enlevé le plus possible. Il posa les ciseaux. On aurait dit qu'il avait attrapé quelque horrible maladie qui, au lieu de lui faire chuter les cheveux, les avait pourris en touffes effilochées jusqu'à dévoiler son scalp d'un blanc maladif. Il prit alors le rasoir et y glissa une lame neuve.

Épiant la douleur dans ses yeux, il se passa le rasoir sur le visage. La main qui tenait le rasoir lui faisait mal, et la peau où il l'avait passé lui faisait également mal. Mais il découvrit qu'en se concentrant, il pouvait éviter que la douleur transparaisse dans ses yeux et sur son visage. Méthodiquement, il débarrassa son menton de toute barbe. Il changea ensuite la lame et recommença l'opération depuis la naissance des cheveux jusqu'en haut du crâne et ne s'arrêta que lorsqu'il eut rasé sa tête aussi radicalement que son menton. Ça lui prit tout le paquet de lames.

Il se rinça la tête dans le lavabo plein d'eau chaude, ce qui fit rougir ses joues et son crâne. De nombreuses petites coupures parsemaient sa tête. Des gouttes de sang mêlées à l'eau lui coulaient sur les joues. Il les essuya et étancha les coupures avec du papier toilette. Les saignements finirent par s'arrêter.

Il alla vers l'armoire et en sortit un kimono blanc et une ceinture blanche. Quand il eut enfilé le kimono et noué tant bien que mal la ceinture, il revint au miroir pour un dernier coup d'œil. Son crâne le stupéfia. D'où venaient ces crêtes et ces vallées ? Il n'avait jamais imaginé que son crâne fût si brutal. Ses yeux avaient l'air plus profonds, ombrés par quelque chose, comme s'ils contemplaient quelque paisible démence. Son visage le surprit. Il en fut pleinement content.

Il ouvrit la porte et sortit. Le soleil était presque au zénith. Le monde était dénué d'ombre. Une surface dure et scintillante, où que se portât son regard. Sa tête fut instantanément brûlante. Il sentit de petites croûtes durcir sur les coupures de son crâne et de son visage. Il n'y avait pas un poil de vent. Il se rendit à la piscine. Elle était vide. Il fixa longuement des yeux la planche makiwara fixée dans le mur du grand bain. Et il se dirigea vers la cuisine.

On ne pouvait pas dire qu'ils parlaient beaucoup de toute façon, mais le peu de paroles s'interrompit brusquement quand il fit son entrée. Ils prenaient tous leur déjeuner à la grande table en bois. John Kaimon s'empara d'une chaise au bout de la table. Tous le dévisageaient. Il fit claquer délibérément ses mains enflées sur la table. La douleur fut terrible, mais il savait qu'elle ne transparaissait pas sur son visage.

« Passez-moi la viande, dit-il, et les légumes verts feuillus. Et le lait. Passez-moi tout. »

Les plats, profonds et bruns, pleins de pilules, furent envoyés au bout de la table. John Kaimon s'en servit une énorme quantité et, à l'aide d'une cuillère et sans même reprendre son souffle entre les bouchées, les engloutit. Il ne leva pas les yeux avant d'avoir fini la dernière cuillerée. Quand il eut terminé, ils le dévisageaient encore tous.

« Encore », dit-il.

Et les plats repassèrent, et il se pencha à nouveau et en enfourna à nouveau dans sa bouche, mécaniquement, brutalement, sans s'arrêter pour parler ou reprendre son souffle, exactement comme il avait vu Belt le faire. En fait, Belt était le champion des bouffeurs de pilules du dojo, comme il était le champion de tout le reste. Mais John Kaimon prit garde à manger deux fois plus de pilules que Belt en avait déjà mangé en un seul repas. Quand il leva enfin le regard, la bouche d'un ceinture jaune béait et ses yeux reflétaient quelque chose qui ressemblait à de l'horreur. Mais à l'autre bout de la table, à la droite de Belt, le visage de Gaye Nell Odell resplendissait d'amour et d'admiration.

« Passez-moi cette sauce Hy-Pro », dit John Kaimon.

Un bocal plein d'une boue marron, épaisse comme du miel, arriva devant lui. John Kaimon n'avait jamais vu qui que ce soit faire quoi que ce soit avec cette sauce, excepté en verser sur les pilules. C'était une mixture écœurante qui avait la consistance d'un œuf cru et l'odeur du soufre.

John Kaimon dévissa le couvercle et but tout le bocal. C'était atroce. Pour en venir à bout, il dut se souvenir de l'époque où il avait été capturé, circoncis et violé par le gang de motards en Californie. Ensuite, il reposa le bocal, ne s'essuya même pas la bouche, ne cilla pas. Il les fixa pendant qu'ils le dévisageaient. Dehors, sur la route nationale, la circulation rugissait, les klaxons retentissaient, les pneus couinaient. Dans la cuisine, la chaleur les oppressait.

« Je suis prêt », dit John Kaimon.

Une rage énorme vivait et montait en lui. Il se sentait capable de mâcher du fer. Il fallait qu'il garde enfoui tout au fond de lui ce qu'il s'autorisait à penser. Quand il pensait à la fille en train de lui casser les mains, au fait d'avoir été déshabillé et branlé par deux hommes contrefaits, à ce qui lui était arrivé la nuit dernière – et quand il pensait à ne serait-ce qu'un seul de ces faits, il pensait à tous les autres –, la rage menaçait d'exploser en un hurlement.

« Tu as choisi un bon jour, dit Belt.

– Je ne l'ai pas choisi, répondit John Kaimon.

– Non, je me doute que tu ne l'as pas fait. Mais, choisi ou non, c'est un bon jour.

– Pourquoi ?

– Parce qu'ils viennent tous le dimanche.

– Ils viennent tous où ? demanda John Kaimon.

– À la piscine. Viens, je vais te montrer. »

Il se leva et tous en firent autant. Ils reculèrent d'un pas pour permettre à Belt de passer le premier. John Kaimon aurait bien attendu qu'ils passent tous avant lui – toujours soucieux qu'il était de respecter la hiérarchie des grades –, mais Belt lui toucha le bras en passant et lui dit : « Viens », et John Kaimon lui emboîta le pas, percevant pendant qu'il marchait la présence de la fille derrière son épaule. Il pouvait même l'entendre respirer.

À l'extérieur, ils se tinrent dans la cour craquelée du Sun'N Fun Motel. Le soleil avait disparu, dissous dans sa propre brillance au milieu de la vaste étendue du ciel de Floride. John Kaimon aurait voulu tendre la main pour s'abriter les yeux. Mais il résista. Il se dit à lui-même – il dit à ses yeux – que s'ils continuaient à vouloir être protégés, il se tournerait brusquement pour les obliger à fixer le soleil, là où il cognait au-dessus de lui. Il se demanda ce que ferait Belt s'il faisait ça, s'il renversait sa tête en arrière et plongeait ses yeux grands ouverts, comme un énorme serpent, dans la lumière cautérisante du soleil.

« Ce putain de soleil, se dit-il, boufferait mes putains d'yeux. »

Puis il se rendit compte que Belt lui parlait. « J'aurais dû te montrer ça avant, disait-il. Je voulais te le montrer. »

Mais John Kaimon le savait. Pendant les trois derniers jours – depuis la nuit où il avait été pris et repris par George et Marvin à l'Iron Horse –, Lazarus avait essayé de le faire sortir de la chambre.

« Belt dit qu'il faut que tu manges dans la cuisine », lui avait lancé Lazarus le matin suivant. Et cette nuit-là, quand John Kaimon avait répondu qu'il n'avait pas encore faim, Lazarus lui avait apporté un bol de fruits, de viande et de légumes verts feuillus mélangés. « Belt dit que ce n'est pas grave, si tu ne veux pas manger dans la cuisine avec nous », avait insisté Lazarus, enfournant une autre cuillerée de pilules dans la bouche de John Kaimon qui, assis sur son matelas, la bouche grande ouverte, était nourri à l'aveugle. « Belt dit qu'il peut comprendre, avait continué Lazarus en attendant que John Kaimon mâchât. Il dit que c'est tes mains. Les mains sont sacrées pour Belt. Il dit que tes mains couvertes de plâtre comme elles le sont t'ont détruit. Est-ce que j'ai mis assez de sauce Hy-Pro sur les fruits frais ? »

Mais Belt avait tort. Ce n'étaient pas ses mains. C'était son trou de balle. Bon, disons que c'était surtout son trou de balle. Ça brûlait – son trou de balle brûlait – quand il était assis sur son matelas. Mais ça ne le brûlait pas autant que la honte. C'était ça qui l'empêchait de sortir pour voir Belt. Une fille lui avait cassé les mains et ensuite deux autres filles l'avaient entravé dans un vestiaire minable sous un repaire homosexuel de première classe et le lui avait mis en dépit de ses plus vigoureux efforts. Et il était honteux au-delà de toute expression. Après s'être laissé traiter de la sorte, comment pouvait-il encore regarder Belt, dont les mains étaient plus dures que toutes les bites ayant jamais existé et dont le corps était inviolé ?

Et donc, pendant les trois derniers jours, il était resté allongé dans la chambre de Gaye Nell Odell au Sun'N Fun Motel à fixer son pull Faulkner en écoutant les bruits du dehors. Parfois, il aurait voulu étendre le pull sous lui comme un amant, perdre son regard dans le visage d'aluminium et essayer de ne pas entendre les cris de frustration, d'angoisse, de douleur, et de tout ce qui ne pouvait être que de la terreur montant de la piscine à sec dans la cour.

Chaque jour, à l'heure du repas, quand Lazarus lui apportait la nourriture qu'il lui faisait avaler patiemment, il disait d'une voix légère et détachée : « Belt voudrait te faire visiter. Il veut que tu assistes à une journée de karaté. Passer une journée au bord de la piscine, pour ainsi dire. »

Et John Kaimon écoutait la voix, et s'asseyait en tailleur, les yeux fermés, mastiquant méthodiquement, broyant les pilules de fruits, de viande ou de légumes verts feuillus sans pouvoir leur trouver le moindre goût. Mais il était tout simplement incapable de se bouger et de se montrer à Belt avec ses mains dans le plâtre.

Ils se tenaient maintenant dans la cour, le regard tourné vers le parking qui n'était plus vide mais rempli de voitures. Trois de plus venaient de se garer pendant qu'ils regardaient. Il n'y avait plus de place, et les voitures commençaient à se ranger sur le trottoir en face du Sun'N Fun Motel. Pas loin de trente personnes, hommes et femmes, se tenaient debout en rang serré sur le bord de la piscine. Ils portaient des kimonos blancs. Malgré la distance, John Kaimon voyait bien que ces hommes et ces femmes étaient tous vieux. Ils étaient dans un espace ouvert, mais on aurait dit qu'ils étaient enfermés par une clôture, une clôture qui les contraignait à se serrer les uns contre les autres. John Kaimon était sur le point de demander pourquoi quand Belt les désigna du doigt et déclara : « Un cours est sur le point de commencer. »

John Kaimon prit une profonde inspiration et dit : « Je suis prêt. »

Belt le regarda.

« Prêt ?

– Mes mains vont très bien, dit John Kaimon. Je m'en fiche.

– Nous allons juste observer, dit Belt.

– Nous ? Vous n'allez pas le faire ? Le cours, je veux dire.

– Je n'enseigne que sur la plage. Sur les rochers. Au dojo, seuls mes élèves enseignent. J'observe. Je veux que tu observes avec moi.

– Qui donne le cours ?

– Le ceinture marron. »

Il se retourna vers l'endroit où elle aurait dû être, juste derrière son épaule, là où elle avait été, là où il l'avait entendue respirer et marcher, mais ce fut le visage de Lazarus qu'il vit à la place, et Lazarus ne le regardait pas lui mais la foule au fond de la piscine, qui n'était plus une foule, s'étant divisée en deux rangs ; et, entre ces deux rangs, passait Gaye Nell Odell portant une énorme boîte, et John Kaimon eut la chique coupée quand il vit une très vieille dame aux cheveux courts sortir ses dents de sa bouche et les mettre dedans.

Belt remarqua qu'il regardait la boîte pendant qu'elle passait entre les vieux. Ils n'y mettaient pas que leurs dentiers, mais aussi des appareils auditifs, des postiches et des lunettes.

« Ils ne peuvent pas porter ces trucs dans la piscine, fit Belt. Tu te fais frapper dans la gorge en portant des fausses dents et t'es bon pour t'étrangler avec. » Il désigna les deux rangées de vieillards qui descendaient les marches du petit bain. « Les ceintures les plus dangereuses au karaté sont les blanches. Les ceintures blanches n'ont aucun contrôle. Aucun. »

La plupart des vieux étaient des ceintures blanches. Mais John Kaimon s'apercevait maintenant qu'il y en avait aussi quelques jaunes, une verte et deux bleues. Il n'y avait aucune ceinture violette, mais une marron en plus de Gaye Nell Odell.

Les vieillards étaient maintenant dans la piscine. Ils étaient rangés par grades. Le ceinture marron était le premier homme dans la rangée de tête, et ensuite, sur sa gauche, par ordre décroissant, les bleues, les vertes, les jaunes et enfin les blanches. Gaye Nell Odell se tenait face à eux dans la partie la plus profonde de la piscine. John Kaimon vit quelques vieux se tordre le cou pour respirer, et il se souvint de la chaleur qui l'avait étouffé comme de l'eau l'autre jour.

Il essaya de déglutir et fut surpris de découvrir qu'il avait la bouche sèche. Belt s'était accroupi, puis s'était assis en tailleur sur le plongeoir cassé. Gaye Nell Odell était presque directement en dessous de lui, la boîte toujours dans les mains. Belt avait fait signe à John Kaimon de prendre place derrière lui sur le plongeoir cassé. Gaye Nell Odell se tourna et tendit la boîte à John Kaimon qui, ne sachant qu'en faire, la posa sur le trop-plein de la piscine.

Puis, parce qu'il ne pouvait pas s'en empêcher, il jeta un œil dans la boîte. Elle était composée de petits compartiments en carton où étaient rangés : des dentiers de porcelaine étincelants montés sur des gencives en silicone ; des appareils auditifs, avec fils, boutons et piles ; des lunettes, cerclées d'or, de rien du tout ou d'écaille de tortue. Et pour finir, dans un petit endroit pour lui tout seul : un œil. Un œil unique et bleu.

Il renvoyait son regard à John Kaimon ainsi qu'au ciel étincelant. John Kaimon se tordit, se pencha, amena sa tête au niveau de la boîte et vit son propre reflet, kimono blanc et tête rasée, dans l'unique iris bleu. Il se pencha encore plus et sa propre ombre obscurcit son reflet dans l'iris jusqu'à ce que l'œil ne soit plus qu'une bille de marbre mort qui ne reflétait plus rien. Il tendit la main et le toucha du bout du doigt.

9

Au moment où son doigt toucha le marbre, la fille poussa un *kiai*, et il retira sa tête de la boîte pour la replonger dans l'éclat aveuglant du soleil, il vit les vieux se mettre sur un genou – le droit –, la fille poussa un nouveau *kiai* et ils se retrouvèrent tous à genoux avant de se reposer en tailleur pour méditer.

Ils restèrent ainsi un long moment, les mains l'une sur l'autre, paumes vers le ciel, sur leurs genoux, les yeux fermés. Enfin, la fille se mit à parler, et sa voix tombait de sa bouche comme une berceuse.

« Y a-t-il quelqu'un ici qui ignore pourquoi nous méditons ? » La question plana dans l'air mort et sec à la manière douce d'un psaume fredonné. « La respiration. Tout est dans la respiration. Inspirez le monde et expirez-le. Inspirez-le profondément et expirez la vaisselle que vous n'avez pas faite, le chèque de la Sécurité sociale qui n'est pas arrivé, la fille ou le fils bien-aimé qui ne vous a pas écrit, les petits-enfants que vous n'avez pas vus depuis longtemps. Respirez. Respirez et soufflez. Inspirez profondément... profondément... profondément... et expirez... videz... videz. Et en expirant, videz-vous des maladies et des défaillances de la chair, expirez ce cœur qui palpite, ces yeux qui ne veulent pas voir, ces oreilles qui ne veulent pas entendre...

expirez ces boyaux qui ne veulent pas, ces reins qui ne peuvent pas, ce sang qui ne devrait pas. »

Sa voix se faisait plus forte, plus dure.

« Les tripes, les reins et le sang sont des choses du monde. Le karaté est de l'ordre de l'esprit. Expirez le monde et je vous remplirai de l'esprit. »

Maintenant, la voix sortait de sa bouche en se tordant comme un fouet. Ça craquait et chargeait l'atmosphère où les vieux étaient assis, les jambes repliées sous eux. Et avant qu'elle ait fini, elle avait tout couvert : les maris qui mouraient, les femmes qui s'effondraient, les affaires qui loupaient, les rêves impossibles qui étaient restés impossibles, tout, chaque chose possible, laissant à la place l'esprit du karaté, solide comme un roc, immuable.

Sa voix s'était arrêtée. Les vieux se relevaient. John Kaimon avait ouvert les yeux. Une chose étrange lui était arrivée. Pendant un moment, comme il écoutait le son claquant de sa voix dure, il avait été saisi d'une rage de cogner, gueuler, ruer; et il avait senti l'odeur du sang comme s'il s'était assis dans une mare d'hémoglobine. La sensation et l'odeur s'évanouirent rapidement, le quittèrent à l'instant où il ouvrit les yeux pour voir les vieux sauter sur leurs pieds.

Mais si tout ça l'avait quitté, il ne semblait pas en être de même pour les vieux. Ils formaient maintenant un cercle dans la piscine, certains d'entre eux tremblaient violemment, secouaient leurs bajoues, grognaient et aboyaient. Il vit le vieux ceinture marron s'accroupir soudain et se mettre à courir aveuglément, la tête la première, contre le bord de la piscine, et cogner la planche makiwara dans un bruit d'os brisés. Il se raidit et se releva en suffoquant et en clignant des yeux. Il n'avait qu'un œil. Une orbite était ouverte, rose et humide. Il la présenta au soleil aveuglant et lutta pour garder le bon œil ouvert.

Gaye Nell Odell passait parmi les vieillards. Chaque fois qu'elle approchait l'un d'entre eux, il se redressait et devenait très calme, comme s'il écoutait quelque chose. Elle vérifiait leur kimono, le nœud de leur ceinture. Elle les caressait : légèrement sur l'épaule, elle pinçait doucement les muscles pendouillant de leurs cous, ou relevait une bajoue ou un triple menton. Ce faisant, elle parlait d'une voix douce ; le son de sa voix parvenait à John Kaimon sous la forme d'un murmure continu dont il ne saisissait pas les paroles. Il se pencha en avant sur la planche, tendit l'oreille, et comme elle s'approchait de l'endroit où il était assis, il découvrit que ce n'étaient pas des mots. C'était juste un son qui montait de sa gorge. Celui d'une mère, peut-être.

Enfin, elle sembla prête et poussa un *kiai*. Les vieux se mirent en deux rangées, face à face. Elle poussa un autre *kiai*. Une rangée frappait, l'autre bloquait. Pour John Kaimon, ça ressemblait à quelque rituel très vieux et très élaboré, une danse primitive venant d'une autre époque. Gaye Nell Odell se tenait en tête, les yeux apparemment clos, l'aboiement explosif montait de sa bouche aussi régulièrement qu'un battement de cœur. Et sur ce battement de cœur, les vieux bougeaient, coups de poing, manchettes, coups de pied, coups retournés, balayages. Et chaque mouvement avait son contre-mouvement, comme une action jouée devant un miroir. Un coup de la main droite sur une rangée amenait automatiquement et simultanément un blocage de la main gauche dans la rangée opposée. Et pendant qu'ils dansaient au fond de cette piscine sèche, leurs visages rougissaient et ruisselaient de sueur.

Leurs coups et leurs blocages étaient faibles et imparfaits. Mais leurs visages se tordaient en un masque de rage si réelle qu'elle commençait à s'emparer de John Kaimon comme un fou rire contagieux. Il sentait son propre visage rougir sous l'effort. Et les vieux devenaient de plus en plus bruyants. Grognements et sifflements, grommellements et petits cris d'anxiété s'élevaient comme un chant. Le halètement montant de la piscine était sonore et laborieux.

Gaye Nell Odell cria : « *Stop!* »

Et les vieux s'arrêtèrent. Chaque rangée recula jusqu'au mur. Elle aboya ; ils s'agenouillèrent ; ils s'assirent ; ils méditèrent. Elle vint se placer au centre de la piscine et désigna du doigt le ceinture marron.

« Dehors ! » aboya-t-elle.

Le vieux ceinture marron sortit, comme s'il se déroulait, du fond de la piscine où il était agenouillé et, sans avoir l'air de faire le moindre pas, atterrit à cinquante centimètres de Gaye Nell Odell. Il atterrit en *kiba daichi*, la position du cavalier. Son œil était tendu et vigilant. Son orbite ne cillait pas. Elle était profonde de cinq centimètres et rose comme une chatte.

Lazarus se pencha vers John Kaimon :

« Il est fou.

– Qui ça ?

– Lui.

– Comment tu le sais ?

– Il l'a déjà fait une fois.

– Ici ?

– Il vivait ici. Il avait une chambre au dojo. Il était élève-enseignant.

– Je n'ai jamais entendu parler d'élèves-enseignants, dit John Kaimon.

– Je croyais te l'avoir expliqué. Belt ne donne de leçons qu'à ceux qui vivent avec lui au dojo. Ses élèves enseignent donc à ceux qui ne vivent pas ici.

– Ah oui. Belt a dit... »

Et puis il écarquilla les yeux.

« Mais ça veut dire que...

– Exact, dit Lazarus. Concentre-toi. Et quand Belt te dira d'enseigner, enseigne. Enseigne juste ce que tu as appris. »

John Kaimon avait oublié le vieux ceinture marron accroupi et en position jusqu'à ce qu'un *kiai* étranglé, faible, essoufflé, lui fasse tourner la tête. Le ceinture marron faisait face à un autre vieux au centre de la piscine. L'autre homme était ceinture jaune. Mais il était gigantesque. John Kaimon estima qu'il devait mesurer un mètre quatre-vingt-quinze et peser probablement plus de cent kilos. Son ventre énorme pendait comme un sac sous les rabats blancs de son kimono. Il avait l'air de suffoquer sous les épaisses couches de graisse qui entouraient son cou. Il essayait de se mettre en position du cavalier, mais ses cuisses tremblaient. La sueur dégoulinait de son visage gras. Ses yeux larmoyaient et louchaient. Son souffle sifflait mollement dans sa bouche édentée.

Gaye Nell Odell se tenait entre les deux hommes, un peu comme un arbitre entre deux boxeurs prêts au combat. Elle leva la main, la garda en l'air, et l'abaissa comme la lame d'une hache.

« *Adshumi !* » cria-t-elle.

Le ceinture marron jaillit et pivota sur une jambe, son pied fortement calleux s'arrêta à deux centimètres du front du gros ceinture jaune. Il avait parfaitement contrôlé son coup de pied. Ils s'immobilisèrent un instant. Le ceinture jaune ne l'avait pas vu venir. Il restait debout, le regard fixe à travers les orteils du ceinture marron, clignant des yeux sous un rideau de sueur. Toujours immobile, il poussa à nouveau son *kiai* étranglé.

Mais avant que le son ne soit sorti de sa bouche, le ceinture marron avait rugi, tournoyé et frappé à nouveau – un coup de pied rapide comme l'éclair –, et son pied s'était immobilisé cette fois-ci au ras de l'entrejambe du gros. Le ceinture jaune grogna et se fendit en avant, mouvement maladroit et trébuchant qui tenait plus du désespoir que du karaté.

John Kaimon comprit que c'était un combat fantôme. Un autre rituel. Quelque chose d'ancestral, à demi oublié, mais inscrit dans la mémoire, était en train d'éclater dans le fond de la piscine comme la sueur qui jaillissait sur leur visage et trempait leurs vêtements. Il vit aussi que le gros homme – le vieux ceinture jaune – se faisait humilier. On venait de lui faire sauter les couilles, et il le savait. Et c'était de cette connaissance désespérante qu'il tirait sa détermination de faire maintenant *quelque chose* au cinglé en ceinture marron. Mais il était gros, à bout de souffle et ses yeux étaient pleins de sueur.

Le ceinture marron feinta à droite et cogna à gauche d'un coup de pied latéral accompagné d'un *shuto uki* au plexus. Il reposa son pied, inversa complètement sa position, et frappa du coude le ventre de son adversaire, cette fois sans contrôler son coup, mais en le laissant aller dans le ventre distendu du ceinture jaune. Et, en ajustant son coup, il poussa un *kiai*.

John Kaimon fut surpris d'entendre un autre *kiai* juste derrière le ceinture marron. C'était Belt. Il était tout au bout du plongeoir et regardait en bas. Il répondait au *kiai* du ceinture marron comme un canard cancane avec un autre. Le ceinture marron tourna triomphalement son visage borgne vers Belt, l'œil imperturbable et plein de sueur.

Lazarus se pencha à nouveau vers John Kaimon : « Belt l'adore, dit-il, mais il est cinglé. »

Le coup à l'estomac n'avait pas mis K.O. l'énorme ceinture jaune, mais l'avait fait reculer d'un bon mètre. Son adversaire, qui fixait toujours le soleil et le visage sauvage de Belt, l'avait oublié. Le ceinture jaune titubant se pencha, attrapa par surprise le haut du kimono de son opposant et se mit à le secouer comme un chien secoue un chaton. Le ceinture marron poussait des *kiai* à pleine voix et essayait de trouver un contre, mais l'autre – plus lourd de cinquante kilos et plus grand de soixante centimètres – se contentait de le secouer de plus en plus fort.

Puis le kimono resta dans ses mains : le ceinture marron glissa de sa veste et atterrit sur ses pieds, accroupi en position du chat. John Kaimon s'ébahit de son corps. Il avait maintenant le torse nu, sa peau brillante et dégoulinante de sueur ne ressemblait à rien de ce que John Kaimon avait déjà vu. Sa peau était grise comme le métal d'un flingue, mais ses muscles aussi nettement dessinés que s'ils avaient été gravés à l'acide. Chaque fois qu'il bougeait, John Kaimon voyait les os, les ligaments et les muscles travailler, les uns contre les autres, se nouer, se dénouer, glisser, se contracter, résister.

Le ceinture marron resta longtemps accroupi face au ceinture jaune qui n'avait pas lâché le kimono arraché. Il pendait de ses mains d'une façon qui brisait le cœur de John Kaimon. Il était sur le point de dire quelque chose à Lazarus, mais il s'en abstint car le ceinture marron explosa soudain, jaillit en un coup de pied retourné, et s'immobilisa. Sa jambe, plus rapide que prévu, avait décrit un large arc de cercle et son talon gris et calleux s'était arrêté à un centimètre de la tempe du ceinture jaune.

Le ceinture jaune était mort. John Kaimon le savait. Tout le monde le savait. Même le ceinture jaune le savait. Il était tout tremblant, la veste de kimono toujours dans les mains, sachant que sa tête venait d'être écrasée comme un œuf. Le ceinture marron n'avait pas bougé. Sa jambe raide formait un angle droit avec son corps. L'autre laissa tomber le kimono. Il était debout, son énorme tête roulait lentement d'un côté à l'autre, comme un colossal taureau assommé par la hache du bourreau.

Une petite voix plate murmurait au travers de la piscine :

« *Bloque. Bloque.* »

Elle continua pendant presque une minute, molle et étrangement douce, comme une chose oubliée et vaguement remémorée.

« *Bloque. Bloque.* »

John Kaimon vit les lèvres de Gaye Nell Odell bouger avant qu'il ait pu les connecter à la voix. Le ceinture jaune devait avoir lui aussi compris, parce qu'il finit par exécuter son mouvement de blocage. Le talon calleux du ceinture marron était toujours en prise et immobilisé à un centimètre de sa tempe ; et lentement il fit en une fraction de seconde le parfait blocage, qui arrêtait et cassait efficacement la cheville du ceinture marron en deux endroits, mais il avait une minute de retard, et son blocage n'arrêta ni ne cassa rien vu qu'il était mort.

Les deux hommes, l'un nu jusqu'à la ceinture et dégoulinant de transpiration, l'autre gras et à bout de souffle, se contrebalançaient parfaitement. Le blocage et le coup de pied, l'image de l'un et le reflet inversé de l'autre comme dans un miroir, semblaient relier les deux hommes pour n'en faire qu'un. Le fond de la piscine tremblait sous le soleil ruisselant.

« C'est quelque chose, dit John Kaimon. C'est vraiment quelque chose.

– *Rai!* » cria Gaye Nell Odell.

Les deux hommes se saluèrent, reculèrent, et retournèrent s'agenouiller de part et d'autre de la piscine. Gaye Nell Odell vint occuper l'espace qu'ils avaient laissé et, sans un mot, elle refit tous les mouvements que les deux karatékas avaient exécutés. Et bien que silencieuse, c'était la plus parfaite et la plus détaillée des leçons auxquelles John Kaimon eût jamais assisté.

D'abord, elle mima le ceinture marron. Lentement et pour que tout le monde puisse le voir, elle reproduisit sa fierté, la fierté qui l'avait poussé à tourner la tête vers le plongeoir où Belt était assis. Elle reproduisit ensuite l'occasion qui s'était offerte au ceinture jaune d'attraper son adversaire et de le secouer comme un chaton.

Puis elle mima le ceinture jaune qui saisissait sa chance. Le kimono arraché était vraiment dans ses mains vides. Le regard perplexe, stupéfié, du ceinture jaune à la vue du dangereux ceinture marron accroupi juste en face de lui, se reflétait vraiment dans ses yeux. Quand elle se pencha, John Kaimon, Belt – tous, même le dernier des ceintures blanches débutants –, se penchèrent avec elle.

Elle s'arrêta au milieu de son mouvement, redevint le ceinture marron regardant derrière lui là où elle s'était tenue. Elle donna un coup de pied, le maintint en l'air puis le reposa. Elle bloqua et maintint le coup le coup de pied à l'endroit d'où il était parti.

« C'est la meilleure que Belt ait jamais eue », dit Lazarus. John Kaimon ne broncha pas et Lazarus répéta sa phrase. John Kaimon le regarda.

« Elle aurait tué ce ceinture marron borgne. Il n'aurait eu aucune chance.

– Tu disais qu'il habitait ici, avant, ce ceinture marron borgne. »

La voix de John Kaimon était fébrile. Il voulait se servir de ce coup de pied et de ce blocage qu'elle venait de lui enseigner.

« C'est un fait, répondit Lazarus. Il vivait dans la chambre même où Belt t'a installé avec la fille. Il l'y a mise après avoir chassé le ceinture marron. Il l'a promue ceinture marron et l'a installée dans la chambre.

– Pourquoi l'a-t-il chassé ?

– Quand il s'est aperçu qu'il était fou.

– Quand s'est-il aperçu qu'il était fou ?

– Quand il a été arrêté.

– Quand a-t-il été arrêté ?

– Quand la police l'a pris dans la cour de récréation en train de frotter de trop près des petits enfants. »

10

La tête de John Kaimon était en train de cuire. À moins qu'elle ne fût déjà cuite. Il soupçonnait son crâne et son visage nus, encore blancs ce matin, à part la peau bronzée autour des yeux qui formait comme un masque – à part ça, il soupçonnait sa tête et son visage d'être couleur brique. Il s'était tenu derrière Belt sur le plongeoir cassé pendant la moitié de l'après-midi, et de temps en temps, en essayant d'avoir l'air détaché, il levait les mains et se les passait sur le crâne et le visage. Ça ne le calmait pas, ou si peu, mais il ne pouvait pas s'en empêcher.

Il était vraiment inquiet. Au début, à part les quelques croûtes causées par le passage du rasoir, sa tête était toute douce. Mais à présent, ses doigts rencontraient quelque chose d'inconnu sur son crâne. De petites éminences sur la peau. Douces. Il les touchait avec précaution. Pas de douleur. Du moins, pas au début. Mais elles finirent par devenir plus grandes. Plus douces. Et, pour finir, douloureuses.

Des cloques ! Sa tête était en train de crever, de se couvrir de cloques. Il essaya de ne pas y penser, de fixer son attention sur ce qui se passait dans la piscine. Les vieux avaient été remplacés par des enfants. Des enfants en guerre. C'était le groupe des six à douze ans. Ce que Lazarus avait appelé « les moyens ».

« Voilà les moyens », avait dit Lazarus.

John Kaimon s'était assis sur ses jambes engourdies et avait regardé dans la direction pointée par Lazarus. Aligné, attendant de descendre les marches du petit bain après que les vieux en furent sortis, se tenait un groupe d'enfants étonnamment semblables avec leurs peaux tannées et leurs cheveux blanchis par le soleil. C'est un ceinture jaune élève de Belt qui donnait le cours, un ceinture jaune qui aurait pu lui-même être un enfant. La même peau bronzée, les mêmes cheveux blonds. Presque tous les douze ans étaient plus costauds que lui, mais ils le regardaient de leurs yeux bleus remplis d'admiration pendant qu'il était accroupi en position du tueur. Ils comprenaient que c'était un enfant qui avait mal tourné. Ou bien tourné. Ou les deux. Ils voyaient qu'il y avait là un enfant qui, dans le monde violent des parents, savait se tenir : pas de fessée, pas de lit sans dîner, pas de tentatives d'excuses, ni de demandes impossibles. Là, au fond de la piscine, leur monde rêvé était soudain réel. Le rêve du monde réel :

Où est-ce que tu t'es mouillé les pieds ? Billy, réponds-moi.

Maman, j'ai pas fait exprès.

Harry, viens ici donner la fessée à ton gosse ! Il s'est encore mouillé les pieds.

Papa. La voix est calme, l'œil bleu, mortel. *Papa, si j'étais toi, je n'essayerais même pas. Je te préviens, papa.*

TOURNE COGNE SHOOTE FRAPPE ÉCRASE.

Billy ! Tu viens de tuer ton père !

John Kaimon vit tout ça arriver juste sous le bout déchiqueté de la planche du plongeoir. Il savait que les gosses de six à douze ans allaient travailler dur pour aucune autre raison. Ils tuaient les brutes du voisinage et s'attaqueraient ensuite à leur père.

Ils essayaient d'être justes, mais leur père devait être corrigé. Ce n'était que justice, et en plus c'était bon pour eux.

Papa, tes pieds sont mouillés.

Il pleut, fils. J'ai marché hors du trottoir. C'était un accident.

File dans ta chambre, papa. Quand j'en aurai fini avec toi, tu ne pourras plus t'asseoir à table pour dîner, en admettant que je te donne à dîner ce soir, ce qui ne sera pas le cas.

Les enfants étaient encore dans la piscine, leurs *kiai* sonnaient comme le cri aveugle d'une douzaine de cochons pris sous une clôture, quand la première folle arriva. Au début, John Kaimon ne savait même pas que c'en était une. Au début, il ne l'avait même pas remarquée. Plusieurs vieux étaient assis au bord de la piscine; plusieurs pères et mères se penchaient au-dessus du rebord, les coudes dans le drain, et criaient des encouragements à leur progéniture. Et, en plus de ça, sa tête cuisait, les ampoules devenaient de plus en plus grosses, et donc John Kaimon ne prêta simplement aucune attention au type mince avec des cheveux et des sourcils jaune citron et de longues mains molles aux doigts mous sur lesquels luisaient des ongles laqués argent.

Mais un autre homme apparut à côté du premier, et il avait lui aussi des cheveux et des sourcils jaune citron. Il était habillé de la même manière, il aurait pu être le double du premier. Puis Marvin et George se présentèrent. Ils se donnaient le bras. Marvin tenait un tube de beurre de cacao. Ensuite, d'autres hommes, tous extrêmement étranges. Deux d'entre eux portaient des chapeaux, l'un jaune et l'autre mauve, aux larges bords flottants. L'un était vêtu d'un costume en lin blanc dont la veste et le gilet n'avaient pas de boutons, mais des lacets… comme des chaussures. Rouges, les lacets.

C'était un groupe bizarre et chamarré qui semblait composé d'une douzaine d'hommes, probablement plus, peut-être quinze. John Kaimon se tenait sur la planche cassée du plongeoir, le cul soudain plus brûlant que la tête, les poings serrés, submergé par la colère.

Les folles ne restèrent pas longtemps à se languir sur le bord opposé de la piscine. Leurs hanches se tordaient, se disloquaient. Pas un homme ne se tenait sur ses deux pieds. Leurs mains dessinaient dans l'air d'exquises formes. Ceux qui fumaient – et ils étaient plus de la moitié – le faisaient de façon très élaborée : la moue, les sourcils arqués, la bouche humide, les regards de côté, les lèvres déployées – et en face de chacun d'eux, le mouvement constant des mains pour chasser les longues banderoles bleues de fumée.

Tout le monde les avait vues, maintenant. Même le jeune ceinture jaune qui enseignait au fond de la piscine. Il les regardait du coin de l'œil. Elles l'avaient déconcentré. Et même si les enfants continuaient à crier et à combattre, le cœur n'y était plus. Ils savaient que leur professeur les avait abandonnés. Eux aussi portaient leur regard sur le groupe de dandys qui vacillaient et ondulaient, dansaient et tanguaient dans le petit bain.

Le ceinture jaune, furieux contre lui-même, mit les gosses à la planche makiwara. Et eux, furieux contre eux-mêmes, se mirent à frapper les planches boulonnées dans les murs de la piscine avec une telle fureur que de nombreux poings saignaient quand ils se retirèrent pour laisser la place à d'autres enfants. Les parents virent le sang et applaudirent.

« *Rai !* » La voix de Belt résonna. Tous le regardèrent. « Ça suffit, dit-il. Sortez-les de là. »

Le ceinture jaune aligna les enfants et ils remontèrent les marches du petit bassin devant Marvin, George et leurs amis.

Leurs parents les accueillirent avec de la teinture d'iode, des pansements, et de la fierté plein les yeux. Les enfants souriaient et se congratulaient.

La piscine était vide. George et Marvin tournaient autour en parlant avec leurs amis. Ils regardaient tous Belt. Tout s'apaisa autour de la piscine. Tout devint tranquille.

« Salut, Belt, lança George.

– Bonjour, George, répondit Belt.

– On est venus pour s'entraîner.

– Je n'aurais jamais pensé que ça arriverait, dit Belt.

– Nous non plus, intervint Marvin.

– Ta gueule, Marvin, ordonna George. On aime ton nouvel élève.

– Vous l'aimez. »

La voix de Belt était dénuée de toute expression.

« Oui. On l'aime, dit Marvin.

– Je m'en occupe, Marvin, reprit George. Ça fait quoi si on l'aime ? Hein, ça fait quoi ?

– Rien, dit Belt. Rien du tout. Je vous avais dit que vous viendriez un jour dans la piscine.

– Mais pas avec toi, sale pute, siffla Marvin.

– Non, pas avec moi. Pour entrer dans la piscine avec moi, il faudrait être un peu meilleur que vous l'êtes.

– On peut s'entraîner, ou non ? »

C'était l'un des amis de George et de Marvin qui avait parlé.

« Vous pouvez vous entraîner, dit Belt.

– Il peut nous entraîner ?

– Qui ça ?

– Le gars derrière vous. John Kaimon. Votre nouvel élève.

– Je ne sais pas s'il peut vous entraîner, dit Belt.

– Demande-lui. »

Belt ne se retourna pas. John Kaimon avait les yeux fixés sur sa nuque quand il demanda :

« Tu peux les entraîner ?

– Dis à ces enculés d'aller dans la piscine, répondit John Kaimon.

– Vous, les enculés, allez dans la piscine. Mon gars est prêt. »

Les parents, le souffle coupé, menèrent leurs enfants en troupeau vers les voitures. Même les vieux s'en allaient. Sauf le ceinture marron borgne, figé comme un roc au bord du bassin. Il avait remis son œil de verre, mais dans son excitation, il l'avait mis devant derrière.

En regardant l'œil sans iris, John Kaimon pensa à Faulkner, pendu à un clou, matant d'un œil le viol passionné que lui avait fait subir la fille la veille. Mais il songea aussi à l'œil de verre pointé vers l'intérieur, tapi dans l'obscurité de la tête du ceinture marron. Une de ses ampoules éclata et l'eau se mit à couler sur l'arête de son nez. John Kaimon ne cilla pas.

Les folles étaient en train de danser à l'intérieur de la piscine. Une vraie rigolade. Elles poussaient des hurlements. John Kaimon remarqua que beaucoup avaient des tubes de beurre de cacao. John Kaimon se leva. Il avait les jambes engourdies. Il n'était même pas sûr de pouvoir marcher. De l'endroit où il était, il attendit en surveillant les folles – comme quelque espèce d'oiseaux colorés –, puis il descendit d'un pas gracieux dans le petit bain. Enfin, calme, il patienta. Il avait maintenant des fourmis dans les jambes. Elles le brûlaient, à présent. Les sensations revenaient. Elles lui faisaient mal. Bon Dieu, ça faisait mal ! Il sentit son visage se raidir, comme un masque sur la douleur.

Il n'était toujours pas certain de pouvoir marcher, mais il fit tout de même un pas. La douleur jaillit comme une substance chaude – comme du vomi – hors de son estomac. À son immense surprise, elle ne vint pas tordre son visage. Il lui résistait, se baladait avec elle. Ça faisait du bien ! Non, pas du bien. Mais c'était de pouvoir qui était bon ! C'était de la joie. Ça le rendait méprisant de la douleur, lui donnait l'envie de souffrir simplement parce qu'il pouvait le supporter.

Il descendit les marches jusqu'au petit bain. Les folles piétinaient dans le grand. John Kaimon sentit la chaleur l'envahir de nouveau, l'envahir comme une marée montante. Un homme venait vers lui. Il avançait comme un poisson tropical : lacets rouges sur son gilet, lacets rouges sur son costume en lin, cheveux citron flottant telle une nageoire au sommet de sa tête. Il ondulait dans la chaleur. John Kaimon s'arrêta pour le regarder approcher. Puis, pour finir, il fouilla dans ses lacets et en sortit un long tube de beurre de cacao.

« Mon cœur, ta tête est un vrai scandale. Mets un peu de beurre. »

John Kaimon poussa un *kiai* et balança un coup de pied. La plante de son pied frappa la planche makiwara. C'était le même coup que celui du ceinture marron sur le ceinture jaune. Le *kiai* résonna à travers le bassin. La folle au tube de beurre recula d'un coup de nageoire précipité, et John Kaimon – stupéfait – regardait son pied, à la fois raide et tremblant, tenir face au makiwara. Ç'avait été un vrai *kiai*. Il avait sonné à ses oreilles exactement comme celui de Belt. Et le coup de pied aurait pu tuer. Ça ne faisait aucun doute. Il se sentait intégralement, suprêmement féroce. C'était un triomphe, et il jeta un coup d'œil au-dessus de la couche de chaleur, en direction de l'endroit où la silhouette de Belt se détachait sur le ciel. Mais Belt n'avait pas l'air de le regarder, et aucun des élèves rangés de part et d'autre ne le regardait non plus. Et, bizarrement, ça n'avait pas d'importance. Il était son propre public. Il le sentait enfin de l'intérieur.

Il s'approcha des folles. Elles reculèrent, nageant de conserve dans le grand bain. Debout, les mains sur les hanches, il les observait. Plusieurs s'étalaient du beurre de cacao sur le corps, le cou, la figure et le dos des mains.

« N'est-il pas exactement comme je vous l'avais dit ? » demanda George.

Les folles approuvèrent d'un fredonnement.

« Je vais vous montrer ce que je suis, dit John Kaimon. Mais mieux encore, je vais aussi vous montrer ce que vous êtes. Déshabillez-vous.

– Mon Dieu, lança l'homme au costume en lin. C'est vraiment ce qu'il veut ?

– Vous ne pouvez pas vous entraîner dans ces vêtements. Ils sont trop serrés.

– Je suis venu de loin, dit un jeune homme qui portait du fard à paupières violet. Je ne vais pas tout gâcher en ne faisant pas ce qu'il dit. »

Et il se mit à défaire les boutons de nacre de sa chemise en soie à motifs cachemire.

« Jette-la dans le coin, ordonna John Kaimon. Jetez tout par là. »

Ils se mirent en sous-vêtements. Ils étaient aussi bigarrés que leurs habits. Le jeune homme au fard à paupières avait un slip mandarine. George et Marvin, des caleçons rayés. Les rayures de George étaient verticales, celles de Marvin horizontales. D'autres arboraient des caleçons à pois, à carreaux ou écossais. Un type portait un short blanc avec des points d'interrogation. Le plus gros point était sur la braguette.

Avec une détermination passionnée, ils se mirent à s'enduire l'un l'autre de beurre de cacao. Ils hurlaient. Ils riaient. C'était à nouveau la grande rigolade. Dans l'ensemble, ils avaient l'air en bonne condition physique. Pas très musclés – et aucun d'eux ne possédait la musculature nettement dessinée de George et de Marvin, lesquels assouplissaient leurs jambes de danseurs – mais pas gras non plus.

Ils brillaient au soleil. L'air était dur à respirer. La tête de John Kaimon ne serait plus jamais la même, il le savait. Il n'arrivait pas à se sortir de l'esprit son crâne brûlé. Ils étaient alignés en face de lui sur deux rangs. C'était George et Marvin qui avaient pris la responsabilité d'aligner leurs amis. Ils s'étaient précipités au milieu des folles, déshabillées ou en train de le faire, les poussant de droite à gauche en gazouillant : « Il les aime en rang. En rang, chérie. Mets-toi en rang, ma douce. On ne pourra pas commencer avant d'être en place. »

Et ils y étaient finalement, souriant en face de lui, haletants, luisants dans leur beurre de cacao, et leurs vêtements aux couleurs vives – exception faite de leurs sous-vêtements – étaient entassés dans un coin du bassin.

« Quand est-ce qu'on bouge ? demanda le jeune homme aux yeux violets.

– Patience, répondit Marvin. La patience est une vertu.

– Ferme-la, Marvin, commanda George.

– J'y crois pas, fit le gars au point d'interrogation sur la braguette. J'en crois pas un mot.

– Alors tu seras surpris », reprit George.

John Kaimon, un peu paumé, oubliait ce qu'il faisait là en les écoutant parler.

« Ils sont une douzaine, là-haut, continua l'homme aux points d'interrogation. Ils ne vont jamais tolérer ça. Jamais. »

Yeux violets lança un regard vers le ciel, là où Belt trônait.

« Il va tomber sur nous comme la colère de Dieu. Il va nous bouffer tout crus, gloussa-t-il.

– Jamais, répondit George. Un addict au calme préférerait mourir que d'interrompre un autre addict.

– Il va rester là-haut sur sa planche même si on sort les couteaux et qu'on le massacre là, sur le sol, dit Marvin.

– Je t'ai promis un petit plaisir, dit George.

– Ça ne ressemblera à rien de ce que tu as déjà vu.

– Avec le bruit de la circulation du dimanche au-dessus de nous, et avec le chef des addicts et tous ses apprentis addicts qui regardent, il est à nous. *Lui* – George pointa un doigt doré et tremblant sur John Kaimon –, il est à nous ! »

Les deux rangs s'infléchirent. À chaque bout, les folles s'égaillaient le long des murs du bassin. John Kaimon, planté au milieu, était encerclé.

« Tu devrais mettre un peu de beurre, amour, dit George. Ce sera plus facile. Martha, amène le beurre avec Mary. »

Yeux violets et points d'interrogation bondirent en gloussant.

« On va t'enduire, dit George. Ce sera plus facile pour tout le monde.

– Oui, dit John Kaimon.

– Vraiment ? demanda George.

– Vas-y. Enduis-moi. »

George se tourna et adressa un bref sourire victorieux à ses amis, qui lui sourirent en retour. Ils s'approchèrent de John Kaimon, les rangs s'infléchissaient vers l'endroit où il se tenait, en équilibre sur un pied, en position d'attaque. George, son beurre de cacao serré contre la poitrine, comme les autres, tendit le cou et émit un cri haut perché, une imitation mélodieuse du *kiai*. John Kaimon fit un pas en avant et coupa le cri en deux avec un *shuto uki* à la gorge. George tomba à genoux en se tenant le cou. Il suffoquait. Ses yeux étaient injectés de sang. La piscine devint soudain silencieuse. La circulation sur l'US 1 grondait derrière eux.

Marvin fit un pas en arrière et s'immobilisa. « Attends. Attends une minute », dit-il.

Personne ne bougeait. Pas même George. Il était toujours sur les genoux. Il suffoquait toujours. Ses yeux injectés regardaient furieusement John Kaimon. D'un seul mouvement puissant, John Kaimon frappa du poing le front de George, qui eut l'air de fondre plutôt que de tomber. Tout semblait se dissoudre en lui, les muscles, même les os, et il s'effondra en une sorte de flaque de chair. Sans même une convulsion.

« Tu l'as tué, souffla Marvin d'une petite voix impressionnée.

– Je vais tous vous tuer », dit John Kaimon.

Le vieux ceinture marron poussa un *kiai* du haut de la piscine. Son cri était si fort et si soudain, son visage et les muscles de son cou étaient si tendus, que son œil de verre monté à l'envers jaillit de son crâne, rebondit sur le sol, et vint s'arrêter en roulant entre les folles et John Kaimon.

L'œil était fracassé. De petites lignes blanches de fracture couraient à travers l'iris bleu.

11

John Kaimon n'était pas sûr de ce qui lui était arrivé après. Et après. Et encore après. C'était un rêve, un truc dont on se souvenait par bribes, la plupart d'entre elles improbables, de nombreuses autres impossibles.

Il se souvenait d'une pilule qui s'était transformée en fraise sur sa langue.

Mais ça, si ça c'était produit quelque part, c'était bien dans la cuisine que ça s'était produit. Et pourtant, il se souvenait que c'était arrivé dans la piscine. L'œil fracassé du vieux ceinture marron fixait le ciel sans fond. George s'était doucement retiré en lui-même. La terreur régnait dans le bassin. Les hommes en sous-vêtements multicolores s'égaillaient devant lui comme des cailles, mais ils ne pouvaient pas sortir. Il les avait coincés dans une impasse.

« On est venus aimer, on est venus aimer, criait l'homme aux yeux violets.

– J'ai essayé », avait dit doucement John Kaimon, et il l'avait frappé du coude au plexus solaire.

Le gars n'avait fait aucun effort pour se défendre, apparemment il ne savait pas, il s'était avancé droit sur le coup, presque comme s'il le désirait. Un *kiai* avait explosé au-dessus de la piscine, un *kiai* plus sonore et plus formidable que ceux de Belt. C'était la fille. Il avait levé les yeux, le visage de Gaye Nell Odell était en fureur – rouge, dents serrées –, totalement à l'opposé de celui qu'elle avait montré pour lui infliger le viol passionné.

Et, au milieu de tout ça, il se souvenait d'une fraise sur sa langue.

Il passa la langue sur ses lèvres. La fraise était partie. Elles avaient maintenant un goût de sommeil. Il reposait nu sur son futon et regardait vers la fenêtre d'où la lumière pénétrait dans la pièce en veines tortueuses. Il était très tôt. Le matelas à l'autre bout de la pièce était vide. Il avait faim. Défaillant de colère, il se leva et se souvint de Belt pointant un doigt tremblant sur lui en disant :

Il a couru huit kilomètres.

Il a couru huit kilomètres sans savoir où il courait.

Il a couru huit kilomètres sans savoir avec qui il courait.

Il a couru huit kilomètres en gerbant et en s'étranglant avec son vomi.

Il s'est rasé la tête.

Il a cassé ses plâtres de ses propres mains.

Il est entré dans la piscine et il a tué dix-sept hommes.

Belt le récitait comme un mantra. Ses élèves l'entouraient et écoutaient. Ils se tenaient dans la lumière du soleil et ne bougeaient pas. *La lumière du soleil?* Mais qu'est-ce que ça pouvait bien être ? Seule la nuit le séparait de la piscine et des folles de la veille. Comment auraient-ils pu être dans le soleil ? Il se souvenait encore de lui, enfoncé jusqu'aux chevilles dans le sable chaud de Dania Beach, fixant la jetée de granit – limpide et tremblante dans le soleil levant – et écoutant bourdonner la voix de Belt.

Il est entré dans la piscine et il a tué dix-sept hommes.

Il n'avait pas, bien sûr, tué dix-sept hommes. Mais par quelque hasard, intuition, chancc ou autre chose d'extravagant, il avait – quand il avait frappé George inconscient d'un véritable coup de marteau au front – employé la métaphore favorite de Belt : « Je vais tous vous tuer. »

John Kaimon était si furieux à ce moment-là qu'il le pensait vraiment, sans savoir ni se soucier si George était K.O. ou vraiment mort. Mais chanceux ou pas, il avait touché une corde sensible chez Belt. Car il savait maintenant (comment le savait-il ? Où l'avait-il appris ?) que Belt croyait profondément qu'un homme devait tuer ce qu'il était avant de devenir un karatéka. Le karaté ne pouvait se construire sur quelque chose d'autre. Tout devait être rasé, réduit au néant, avant que le karaté puisse commencer à croître.

John Kaimon marcha autour de sa chambre, et ses jambes lui faisaient affreusement mal. Il étira ses bras et son dos. Il était perclus de douleurs. Il se dirigea vers la fenêtre et ouvrit les stores. Il faisait beau, mais il était si tôt qu'il crut que le soleil n'était pas encore levé.

Réduit au néant. Les trois mots revenaient et s'accrochaient à sa tête comme des hameçons. Réduit au néant ? D'où savait-il ça ? Où l'avait-il appris ? Il se tint debout, très calme, ferma les yeux et observa.

George avait repris trois fois conscience dans la piscine et avait été à nouveau assommé trois fois. Il ne savait même plus ce qui lui arrivait. Mais aucun des autres non plus. Ils savaient juste qu'ils étaient coincés au fond du grand bain d'une piscine. Ils étaient frappés, crochetés, cognés, piétinés.

Il les avait vus oublier qu'ils étaient dans une piscine, oublier qu'ils étaient des folles, oublier ce qu'ils étaient venus faire, et, au bout du bout, oublier leur terreur. Ils étaient réduits à leurs sens. Et c'était du bout dépenaillé de leurs sens – langue esquintée, mains en sang, oreilles sifflantes, yeux flous – qu'ils avaient commencé à comprendre ce qu'était le karaté.

La nuit commençait à tomber, et le trafic était presque mort sur l'US 1, quand le dernier des hommes dans la piscine avait été ranimé et évacué. John Kaimon se voyait debout, seul, la piscine totalement inondée d'ombres, le corps tout entier dans l'obscurité, exception faite de sa tête encore prise dans les derniers éclats du soleil couchant. Il avait levé les yeux. La lumière s'enflammait et tourbillonnait derrière Belt. Les autres étaient partis. Même la fille.

« Approche », avait dit Belt.

John Kaimon avait grimpé les marches du petit bain. Belt l'avait conduit dans le dojo. Il avait actionné un interrupteur. Un unique rayon de lumière blanche tombait sur l'énorme photo du nain. John Kaimon était passé devant un miroir en pied dans lequel se regardaient les karatékas en s'exerçant aux coups de pied. Il s'était regardé. Sa tête était si rouge qu'elle en paraissait presque violette. Ses yeux n'étaient plus que des fentes. Ses lèvres, toutes craquelées, avaient doublé de volume. Il savait qu'il était incapable de parler. Un *kiai*, oui. Un mot, non.

Sa tête. Sa tête cramée. Toujours devant la fenêtre, il porta lentement les mains à son crâne. Les ampoules étaient parties, mais il y avait autre chose à la place. Quelque chose qu'il ne pouvait pas nommer. Il quitta la fenêtre et se dirigea vers les toilettes. Il se vit dans le miroir et ne se reconnut pas.

Des lambeaux de peau lui pendaient de la figure et du cou. Des lambeaux bouclés de peau diaphane. Il contemplait la phase terminale de quelque innommable maladie. Ensuite, il vit les petites bosses de cheveux qui poussaient sous la gaze de peau morte. Un frisson glacé lui parcourut la poitrine et il eut peur.

La barbe sur ses joues, l'ombre noire qui descendait de ses oreilles, était au moins vieille de deux jours. Peut-être plus. Mais il ne l'avait rasée qu'hier. Elle ne pouvait pas être de deux jours. Et pourtant si. Et la peau pelée de son visage, ses lèvres gercées et couturées, tout était bien plus ancien que ça aurait dû l'être. Il regarda fixement le miroir et se força à voir.

Et ce qu'il vit fut encore la lumière du soleil. Belt dans la lumière du soleil, et ses élèves dorés et luisants de sueur. Et lui en personne, debout, immobile, s'exerçant à la respiration karaté, dilatant, endurcissant ses poumons, et, en même temps, exhalant les poisons du monde. À travers les fentes de ses yeux enflés, il regardait Bodhidharma (Bodhidharma ? Oui, Lazarus le lui avait dit. Mais quand ? Dans la lumière du soleil, ce n'était réel qu'en souvenir. Lazarus avait tout dit sur Bodhidharma), il regardait Bodhidharma, le moine légendaire qui avait apporté le karaté de l'Inde en Chine à travers l'Himalaya, apporté le karaté à travers les rocs de granit de cinquante tonnes de la jetée sud jusqu'au sable chaud de Dania Beach où il respirait.

Le moine encapuchonné, en haillons, était dans la neige jusqu'aux hanches, là où le soleil faisait bouillir les rochers en lignes de chaleur. Mais le moine luttait dans la neige, sur les rochers bouillants et dans le cœur de John Kaimon.

La voix râpeuse de Belt disait… psalmodiait :

Il a couru huit kilomètres.

Il a couru huit kilomètres sans savoir où il courait.

Il a couru huit kilomètres sans savoir avec qui il courait.

Il a couru huit kilomètres, gerbant et s'étranglant avec son vomi.

Il s'est rasé la tête.

Il a cassé ses plâtres de ses propres mains.

Il est entré dans la piscine et il a tué dix-sept hommes.

Et pendant que la voix de Belt psalmodiait, John Kaimon avait respiré, avait pratiqué la respiration karaté, conscient que les yeux des autres élèves étaient braqués sur lui. Oui, il avait fait tout ça. Il s'en souvenait trop clairement pour qu'il en soit autrement. Et la peur qui avait essayé de l'attraper le saisit par le cœur, et il cessa de se regarder dans la glace pour revenir se coucher sur son matelas.

Il leva les yeux sur son pull Faulkner accroché à un clou. Et Faulkner lui rendit son regard de son œil unique d'aluminium. Il grogna et roula sur le côté, à l'écart de ce vis-à-vis insupportable. Il avait abandonné un mystère pour un autre, et il ne saurait, semblait-il, jamais rien.

Peu à peu, un bruit s'était imposé dans la pièce, les battements de son cœur. C'était un battement doux et régulier. Et après chaque battement, on entendait le léger *kiai* souvent poussé pendant les entraînements. Il l'avait entendu tous les matins depuis qu'il était là. C'était Belt s'entraînant avec l'un de ses élèves. Le léger *kiai* qu'il avait produit tant de fois n'intimidait pas, mais encourageait. Ce n'était pas un son violent, mais un son d'amour. John Kaimon se leva de son futon et alla se poster à la fenêtre. Gaye Nell Odell se tenait tout au bout du plongeoir. Belt se tenait en face d'elle.

Belt la frappait du pied dans le ventre. John Kaimon avait déjà vu ça auparavant. C'était un exercice standard d'endurcissement de l'abdomen. Elle avait les bras le long du corps ; les poings serrés. Sa bouche n'était plus qu'une mince ligne blanche. Belt lui balançait des coups de pied circulaires contrôlés dans le ventre à environ un dixième de leur vitesse habituelle. Le soleil n'était pas à son zénith, mais la lumière, vive et dure, tombait d'un ciel bleu étincelant. John Kaimon enfila son kimono. Il jeta un coup d'œil à Faulkner enveloppé dans le pull sur son clou. « Ça va aller, dit-il en le regardant. Ça va aller. »

Il prit une profonde inspiration et sortit. Aucun autre élève n'était visible, ce qui n'était pas inhabituel. Au dojo, Belt donnait des leçons individuelles. Il gardait la plage pour le groupe. John Kaimon se dirigea vers la piscine. Il s'arrêta, fixa le ciel quelques instants, et toucha plusieurs fois ses orteils. Quelques voitures s'étaient arrêtées sur l'US 1. Cela arrivait souvent quand ils ne travaillaient pas à l'intérieur du bassin. Dans la cour ou sur le plongeoir, n'importe quel entraînement ou démonstration attirait la foule. John Kaimon s'approcha de l'endroit où Belt donnait des coups de pied à Gaye Nell Odell. Il la regarda et lui sourit. Elle ne fit aucun signe indiquant qu'elle l'avait vu. John Kaimon fit quelques flexions des genoux. Plusieurs personnes les apostrophaient depuis les voitures garées sur l'US 1.

« Pourquoi il ne la laisse pas riposter ?

– Le zoo, c'est dans quelle direction ?

– Lequel d'entre vous *est* le zoo ?

– *Rock that belly! Sock that belly! Rock'er! Sock'er*[1] !

– Prends une photo de lui en train de lui faire ça, Frank ! »

John Kaimon donna quelques coups de poing dans l'air. Il s'approcha plus près de Belt et de la fille. Il voulait qu'ils s'arrêtent. Il voulait parler. Mais Belt balançait ses coups comme un métronome. Vitesse constante, force égale. Même endroit – juste sous le nombril.

1. Balance ce ventre ! Cogne ce ventre ! Balance-la ! Cogne-la !

TCHAC TCHAC TCHAC TCHAC TCHAC.

Le bruit résonnait contre les murs de ciment du Sun'N Fun Motel.

Un petit bout de peau se mit soudain à s'agiter devant l'œil gauche de John Kaimon. Il arrêta de boxer l'air pour l'ôter. Il regarda à nouveau vers la route.

« Ils vous prennent en photo, dit-il. Un des touristes a une caméra et il est en train de tout filmer.

– Ils... font... toujours... ça, répondit-elle. Ils... croient... en... la... caméra. »

Les mots arrivaient comme de brèves explosions entre ses lèvres, en contrepoint des coups de Belt.

« Ils vont tout mettre sur pellicule, dit John Kaimon. Ils sont là à tourner comme si c'était le dernier jour de leur vie. »

Il essayait de plaisanter, de prétendre que les gens sur la route ne le rendaient pas nerveux. Il avait cessé de boxer l'air ou de se toucher les orteils.

« Comment... tu... te... sens ? demanda-t-elle, en s'arrêtant de parler quand elle prenait un coup.

– Ça va. »

Et après un moment :

« Sauf que je meurs de faim.

– C'est... pas... étonnant », dit-elle.

Il y réfléchit un instant en regardant la jambe-piston de Belt.

TCHAC TCHAC TCHAC TCHAC TCHAC.

« Je voulais t'en parler, dit-il.

– De... quoi ? demanda Gaye Nell Odell.

– De ça... »

Il s'interrompit. Il ne savait plus.

« De la piscine.

– Tu... as... été... bon, dit-elle.

– Qu'est-ce que j'ai fait ?

– Ce... que... tu... as... été... entraîné... à... faire. »

John Kaimon se demandait combien de temps Belt allait continuer à lui donner des coups de pied. C'était un exercice standard, mais il ne se souvenait pas l'avoir vu durer si longtemps. Gaye Nell Odell était très blanche autour du nez. Les gouttes de sueur coulaient de son front sur ses joues pour finir par dégouliner en droite ligne de son menton ferme et immobile.

Les gens sur la route faisaient plus de bruit que jamais, et il mit un moment à comprendre ce qu'elle disait. Finalement, il y parvint.

« Entraîné ? demanda-t-il. Mais je n'ai pas été entraîné à faire quoi que ce soit. »

Elle ne répondit pas. Belt continuait à frapper. Le visage de la fille était plus pâle que jamais.

« Je ne comprends pas, dit-il.

– Personne... ne... comprend... jamais. Mais... on t'a... entraîné... depuis... que... tu es... arrivé... ici. »

C'était long à dire, et, à la fin, elle était essoufflée.

« Entraîné ? dit-il. Entraîné, bon sang de bois ?

– Entraîné.

– C'est impossible.

– Rien... n'est... impossible.

– C'est pour ça qu'on m'a installé dans ta chambre ? »

Pendant qu'il posait la question, John Kaimon fixait Belt comme s'il ne l'avait encore jamais vu.

« Oui, répondit-elle.

– Et c'est pour ça que tu m'as mis dans la piscine ?

– Oui.

– Et c'est pour ça que tu m'as cassé les mains ?

– C'était ta propre nature de te casser les mains », dit-elle.

Sa voix était soudain plate, machinale, et elle avait prononcé la phrase sans s'arrêter, en dépit des coups de pied.

« Nous... utilisons... nos... mains... une... fois... qu'elles... sont... cassées.

– Utiliser ? dit-il. Utiliser ? »

Il fixait toujours Belt avec une incrédulité absolue.

« Tu... ne... pouvais... pas... te... dézipper. Nous... t'avons... dézippé.

– Et vous m'avez envoyé à l'Iron Horse avec Lazarus pour...

– Pour... t'entraîner.

– Et vous avez délibérément laissé George et Marvin me baiser ?

– Non. C'était... encore... ta... propre... nature.

– Et après que c'était fait ?

– Nous... l'avons... utilisé.

– Et dans la chambre ?

– J'ai... écouté... exprès.

– Mais... pourquoi... faire ? »

Il avait déjà fini de parler quand il se rendit compte qu'il s'était mis à parler comme elle. Son ventre commençait aussi à lui faire mal. Est-ce que Belt allait enfin cesser de la frapper ?

« Pour... que... tu... fasses... quelque... chose.

– Alors la lettre que j'ai écrite à Faulkner...

– Était... ce... quelque... chose, dit-elle.

– J'arrive... pas... à... le croire... »

Il se reprit.

« J'arrive pas à le croire, répéta-t-il en précipitant les mots pour les faire siens.

– La… croyance… est… une… chose… dont… tu… dois… te… débarrasser. »

Sa voix était de nouveau plate, aussi morne que celle d'un gosse récitant le Serment d'allégeance.

« Comme… la… rougeole… ou… les… oreillons… La… croyance… est… une… maladie… infantile.

– Mais ce que tu as fait, ce que tu m'as fait quand j'étais sur le plancher !

– Sphincter, dit-elle. Un… simple… contrôle… musculaire. »

John Kaimon avait maintenant complètement oublié Belt, tant ce qu'elle était en train de dire était intime. Et, apparemment, Belt les avait oubliés aussi, enfermé qu'il était dans quelque endroit secret où seul le coup de pied était requis et délivré.

« Ça n'a *pas pu* être planifié, dit John Kaimon.

– Si.

– Tout ça n'a pas pu être planifié.

– Si… tout… ce… »

Elle s'interrompit. Ses yeux, jusque-là perdus à mi-distance, s'étrécirent et se fixèrent sur lui. Un sourire apparut sur ses lèvres blanches et dures.

« Bon… tout… n'était… pas… planifié.

– Je… le… savais ! » exulta-t-il entre les coups de pied.

Son regard se perdit une nouvelle fois.

« Je… n'étais… pas… supposée… tomber… enceinte.

– Enceinte », dit-il.

On aurait dit qu'il ne comprenait pas le mot. Son visage était toujours triomphant.

« Enceinte », dit-elle.

« Bébé », dit-elle.

« Vie », dit-elle.

À présent, c'était Belt qu'il regardait de nouveau. Conscient qu'il lui donnait des coups de pied dans le ventre. Conscient qu'il ne s'était jamais arrêté.

« Bébé, murmura-t-il, vie.

– Ton... bébé... est... accroché. »

Elle s'arrêta pour souffler. Cet affreux sourire blanc n'avait pas quitté sa bouche. « ... Dans... la... paroi... de... mon... ventre. »

John Kaimon ne se souvint jamais de ce qui se passa ensuite. Il hurla, pas un *kiai*, mais un hurlement d'agonie, et dans le même temps, il fit un impeccable pas glissé de karaté en avant, fit parfaitement pivoter ses hanches pour un maximum de puissance, et frappa Belt sur le côté du visage d'un coup de poing qui l'expédia cul par-dessus tête du plongeoir au fond de la piscine. Belt atterrit en roulant. Il se remit instantanément sur ses pieds, accroupi, hurlant, les yeux étirés, vides, et fixés sur John Kaimon. Un mince filet de sang lui coulait du nez. Son œil gauche prenait de la couleur et commençait à enfler.

La foule amassée sur les côtés de l'US 1 applaudit. Un homme sauta sur le toit de sa voiture pour voir le fond du bassin, là où Belt était tombé, sans y parvenir. Un silence tomba sur la scène tandis qu'ils attendaient tous que Belt sortît du petit bain. John Kaimon attendait aussi. Il sentait encore la dureté de l'os sur son poing, sa force remontait le long de son bras, dans ses épaules, tout droit au centre de lui-même.

« Bien, dit Gaye Nell Odell. Bien. » Mais il y avait maintenant quelque chose sur son visage qu'il n'avait encore jamais vu. Au milieu de la confusion et de la terreur (il ne voulait pas mourir), ça le rendit heureux.

12

« Je suis désolé », finit par dire John Kaimon.

Belt resta au fond un moment sans bouger. Puis il abandonna la position d'attaque et se secoua comme un chien sortant de l'eau. Il fit rouler sa tête autour de son cou. Il relâcha ses mains le long du corps. Et, seulement après, il leva le regard sur John Kaimon.

« Je suis désolé, répéta John Kaimon.

– Ne sois jamais désolé quand tu assommes un homme, dit Belt. Ça te met en position difficile quand il se relève.

– Je n'avais pas l'intention de vous frapper.

– Tu m'as frappé. »

Il toucha son nez et ramena un peu de sang sur sa main.

Il se tourna, se dirigea vers le petit bain dont il gravit les marches. Arrivé en haut, il marqua une pause pour regarder la foule grouillante autour des voitures garées au bord de l'US 1. Puis il se remit en route, d'un pas délibéré, vers l'endroit où John Kaimon se tenait avec Gaye Nell Odell.

« Emmène-le au dojo, dit-il.

– Vous n'êtes pas fâché ? » demanda John Kaimon.

Belt, qui avait déjà commencé à s'éloigner, s'arrêta et le regarda. « Déçu », dit-il. Il se tourna et ils le regardèrent se diriger vers sa chambre du Sun'N Fun Motel.

Le soleil étincelant de Floride éclatait à l'est, juste au-dessus des bâtiments bas et blancs de Hollywood Beach. Elle tournait le dos au soleil et son visage était entièrement dans l'ombre. Maintenant que Belt était parti, les touristes avaient regagné leurs voitures et s'en allaient.

« Tu es enceinte, dit John Kaimon.

– Je pense que je suis enceinte. Oui.

– Ça fait pas longtemps. C'est trop court pour en être sûr.

– Ça fait six jours. On est le septième jour. »

Il y réfléchit un instant.

« Non, dit-il en comptant sur ses doigts. Quatre jours. Ce matin est le cinquième.

– Je suis enceinte. Ça fait six jours.

– Alors, j'ai perdu deux jours, dit-il.

– Alors, tu as perdu deux jours », confirma-t-elle.

Elle avait relevé le rabat de son kimono. Elle examina son ventre. Il était plat, bosselé de muscles, et très rouge. Il crut voir les empreintes des orteils de Belt sur la chair.

« On est lundi, dit-il. Hier, on était dimanche. »

Il désigna la piscine du doigt.

« J'étais là-dedans hier, dimanche.

– Je me demande s'il est arrivé à le décrocher, dit-elle en s'examinant toujours le ventre.

– Hier, bon Dieu ! cria-t-il. *Dimanche.* »

Elle laissa tomber le rabat de son kimono. Elle dit, sans le regarder : « Aujourd'hui, on est mercredi. »

Elle s'éloigna et il la suivit. Elle se dirigea vers la pièce centrale à l'arrière du U, là où était la cuisine du club. Il avait été étrangement perturbé par la vue de son ventre. Il avait imaginé un enfant – parfaitement formé et de la taille d'une pièce de dix cents – littéralement accroché à la paroi rouge de son ventre. L'enfant qu'il imaginait avait un visage. Était lui-même.

« J'ai pensé que tu voudrais manger », dit-elle.

Il n'y avait personne dans la cuisine. Quatre bols de pilules et un pichet de sauce Hy-Pro étaient posés sur la table en chêne, là où ils mangeaient tous. Elle s'assit et s'envoya deux pilules dans la bouche. John Kaimon resta debout à la porte. Depuis qu'elle lui avait dit qu'on était mercredi, sa tête était remplie d'une débauche d'images. Au milieu de ces images, l'une d'entre elles demeurait constante : Jefferson Davis Munroe illuminé par le faisceau unique d'une intense lumière blanche.

« Je n'arrive pas à me souvenir », dit-il. Et le son de sa voix dans ses oreilles lui fit honte. C'était presque un gémissement.

« Tu n'arrives pas à te souvenir de quoi ?

– De quoi que ce soit depuis dimanche.

– Rien du tout ?

– Ben… si. Mais c'est comme quelque chose que j'aurais rêvé. »

Il secoua la tête et se passa les doigts sur le visage.

« Et le fait qu'on est mercredi – que tu dises qu'on est mercredi –, ça fait froid dans le dos.

– Tu es juste désorienté. Trop de travail suivi par trop de sommeil. Et pas de nourriture. Ça va te revenir. »

Et comme il ne bougeait pas : « Tu ferais mieux de manger. »

Il s'assit. Elle se releva et lui remplit un bol. Elle s'assit en face de lui. Il se mit à manger et elle se mit à parler. « Dimanche soir, on a médité dans le dojo. Nous en avons tous été témoins et tu as reçu l'enseignement. Lundi – toujours sans dormir –, on a passé la journée à s'entraîner sur la plage. Plusieurs d'entre nous ont eu des visions. Toi-même, tu as vu le moine Bodhidharma sur les rochers de granit de la jetée sud. Lundi soir, quand tout fut terminé, quand Belt t'a dit que ça suffisait, tu as été autorisé à aller dans ta chambre et à dormir autant que tu le voulais. Tu as dormi la nuit de lundi, tout le mardi et la nuit de mardi. Tu t'es réveillé aujourd'hui, mercredi. Tu t'es réveillé affamé et désorienté, et tu as descendu l'homme qui t'aimait. »

Il mastiqua une énorme bouchée de pilules en disant : « Et il n'est même pas en colère. » Les mots étaient sortis étouffés, en une succession de grognements, mais, apparemment, elle avait compris.

« Non, dit-elle. Pas en colère. Jamais en colère. Déçu, oui. Terriblement déçu. Tu t'es montré violent. C'est une chose que Belt ne supporte pas ; la violence. Ça et la colère. Tu l'as frappé alors que tu étais en colère. »

La bouche pleine de pilules, John Kaimon questionna Gaye Nell Odell sur la violence.

« Belt pratique la violence non violente, expliqua-t-elle. Et par sa grâce et son enseignement, nous la pratiquons également. » Et puis sa voix se fit plate et morne en récitant : « La mutilation est acceptable, mais pas la passion. La justice est accessible mais uniquement pendant les leçons individuelles. »

John Kaimon avala ce qu'il avait dans la bouche.

« Tu ne pouvais pas attendre de moi que je le laisse continuer à te frapper comme ça, Gaye Nell.

– Ne m'appelle pas comme ça. Je n'attends *rien* de toi. Soit tu vois, soit tu ne vois pas.

– Voir quoi ?

– Voir ce qu'il y a à voir.

– Je ne pouvais pas le laisser te donner des coups de pied.

– On était en train de s'entraîner.

– Tu as dit que tu étais enceinte, cria-t-il. Tu as dit que tu pensais l'être.

– Et on était en train de s'entraîner. Je l'ai dit aussi.

– C'est dingue de donner des coups de pied à une femme enceinte.

– Il ne le savait pas. Il l'a entendu en même temps que toi.

– On l'aurait pas dit. Il n'a pas ralenti ses coups. Il a juste continué.

– C'est Belt. Il est sous contrôle. On est tous sous contrôle, ici. Sauf toi. »

Elle pointa un doigt accusateur sur lui.

« Tu n'es pas sous contrôle.

– Non, admit-il. Je pense que non. »

Sa voix tomba aussi bas qu'un chuchotement.

« Savais-tu que le cœur de Belt lui-même était sous contrôle ?

– Non, murmura-t-il du même air conspirateur.

– Oui. Il le règle à la cadence qu'il désire. Il le fait monter ou descendre. C'est pareil pour lui. Et dimanche soir – après ta séance dans la piscine –, on s'est tous rendus au dojo et il l'a laissé aller de toutes ses forces.

– Laissé aller quoi ?

– Son cœur. Il était agenouillé en face de Jefferson Davis Munroe, on était tous agenouillés là, il t'a regardé avec un visage aussi calme que la mort et il a dit : "Je vais le laisser aller." C'est ce qu'il a dit, et on savait tous qu'il parlait de son cœur. »

Elle marqua une pause, glissa une pilule sous sa langue et la suça.

« Et c'est cet homme que tu as descendu.

– Comment fait-on pour être sous contrôle ?

– Il n'y a pas de voie vers le contrôle. Le contrôle est la voie. »

Il arrêta de manger.

« Répète-moi ça. »

Elle le répéta.

« Mais je ne sais toujours pas comment. Ça ne dit pas *comment*.

– Personne ne pourra te le dire. Ils peuvent simplement te montrer l'exemple. Si tu ne vois pas, on ne peut pas te montrer. »

Elle poussa de nouveau le bol de pilules vers lui, mais il le refusa.

« J'en ai assez.

– Alors, il faut que tu ailles au dojo.

– Je l'ai entendu dire ça. Pourquoi doit-on y aller ?

– Tu vas y aller, dit-elle. Toi, pas nous. Tu dois méditer.

– Pourquoi ? »

Elle le regarda avec une infinie patience. « Tu dois méditer sur le fait désolant que tu as frappé le maître. »

Elle se leva de table et était déjà prête à passer la porte quand il dit : « Gaye Nell... Enfin, non, je suis désolé de t'avoir appelée comme ça. »

Elle s'était arrêtée et le dévisageait.

« Qu'est-ce qu'on va faire avec... » Il ne savait pas comment le dire.

« Je veux dire, si tu es vraiment enceinte... bon, qu'est-ce qu'on va faire avec le bébé ?

– Ne te soucie pas de ça, dit-elle.

– Mais je m'en soucie.

– Peut-être que je ne suis pas enceinte.

– Mais si tu l'es ?

– Peut-être qu'il va partir.

– Partir ?

– Ils arrivent ; ils partent, dit-elle. Va savoir.

– Tu as déjà été enceinte ? »

Elle secoua la tête.

« Pas besoin d'avoir été enceinte pour savoir qu'ils partent.

– Et si ça... s'il... ne part pas ?

– Il y a toujours ce type dans l'arrière-pays. On fait la queue chez lui et il s'occupe de tout. »

Il lui sembla qu'elle avait dit ça avec malveillance, et il lui fallut un bon moment pour comprendre ce qu'elle avait voulu dire. Et quand il comprit, il sentit son visage se vider de tout son sang. Il se souvint de la causeuse rouge avec le cupidon gravé dans les bras d'acajou et de la minuscule chose qui ressemblait à un chaton écorché dans un bol de porcelaine blanche.

« Le tueur de bébés ?

– Je suis une ceinture marron, et je suis une reine de beauté. Je ne peux plus être ni l'une ni l'autre si je suis enceinte. »

Elle fit une grimace renfrognée. « As-tu déjà entendu parler d'une ceinture marron enceinte ? Ou d'une reine de beauté enceinte ? »

Elle passa la porte. Il se leva et la suivit. Plusieurs élèves étaient dehors, près de la piscine, à s'entraîner et à pratiquer les katas rituels. Les élèves travaillaient pendant la plus grande partie de la nuit en tant que videurs ou gardes du corps, et Belt leur permettait de dormir jusqu'à neuf heures du matin en alternant les équipes. Lazarus venait juste de finir un kata et s'appuyait, une serviette autour du cou, contre un palmier au bord de la piscine. Il vit John Kaimon et lui fit un signe. John Kaimon ne répondit pas, mais se hâta de rejoindre Gaye Nell Odell.

« Est-ce que tu vas méditer aussi ? demanda-t-il.

– Non. Je vais faire un somme. J'ai veillé tard, cette nuit.

– À faire quoi ? »

Elle ne répondit pas. Il lui reposa la question.

« J'ai un concours.

– Belt a dit qu'il ne permettait pas à ses élèves de participer à des compétitions de karaté.

– Il ne le permet pas.

– Et alors...

– C'est un concours de beauté, dit-elle. Je défends ma couronne. »

Il y réfléchit pendant qu'il traversait le goudron crevassé qui menait au dojo.

« On m'a dit que tu avais abandonné ça pour être tranquille.

– On avait tort. »

Elle ouvrit la porte du dojo, le prit par l'épaule et le fit passer devant elle. Après le lever du soleil étincelant, il faisait sombre et frais dans le dojo.

« Je vais te faire commencer et puis je partirai », dit-elle.

Elle alla s'agenouiller devant Jefferson Davis Munroe.

« Attends, dit John Kaimon. Attends une minute. Combien de temps ça va durer ?

– J'en sais rien, dit-elle. Quand t'as fini, tu t'en vas.

– Est-ce que tu seras encore dans la chambre ?

– J'en sais rien. Il faut que je parte pour le concours à deux heures.

– Si j'ai fini, est-ce que je peux y aller avec toi ?

– Y aller avec moi ?

– Pour te regarder défendre ta couronne.

– J'y vais avec Mavis, dit-elle.

– Je m'en fiche. Je veux y aller avec toi. »

Elle hésita une longue minute, en le regardant dans les yeux. Il pouvait voir les mouchetures de vert qui y flottaient. Il essayait de ne pas ciller.

« Si tu as fini, dit-elle. Je vais te dire où c'est. Tu pourras me rejoindre.

– D'accord, répondit-il. C'est d'accord. »

Elle s'installa en tournant le dos à Jefferson Davis Munroe, mais face à John Kaimon. Elle prononça le serment du karaté. Il répétait après elle.

« Nous entraînerons nos cœurs et nos corps...

– Nous entraînerons nos cœurs et nos corps...

– Pour un esprit ferme et confiant.

– Pour un esprit ferme et confiant. »

Quand ils eurent terminé le long serment, renonçant à la violence, promettant obéissance aux supérieurs, et fuyant les choses du monde pour celles de l'esprit, elle partit et il resta seul.

Mais, bien sûr, il n'était pas seul. Tout ce qui lui était arrivé rendait impossible toute solitude. Et c'était ce qu'il était supposé être. Seul. La méditation était le temps pendant lequel l'esprit était absolument vide. Un miroir ne réfléchissant rien d'autre qu'une pure lumière blanche. Belt le leur avait soigneusement expliqué. Il le lui avait expliqué cette nuit – le samedi soir –, qui avait été le début de ces deux jours perdus qui n'étaient plus vraiment perdus, mais aussi clairs que *maintenant*, et même plus clairs, vu qu'au-delà de ses yeux clos (« les yeux ne sont pas nécessairement clos, mais ils ne doivent pas voir, disait Belt. Il est cependant plus facile pour le débutant de méditer les yeux fermés »), il voyait Lazarus, la fille et les autres élèves agenouillés, face à Belt et à lui, racontant chacun à son tour sa propre histoire, lui parlant de karaté et du temps d'avant lui, et de maintenant.

Il ouvrit les yeux et vit Jefferson Davis Munroe regarder directement dans sa direction. Il ferma les yeux vite fait. Et là, sur l'écran rouge de ses paupières, il y avait toujours Jefferson Davis Munroe, mais c'était maintenant un bébé, de la taille d'une pièce de dix cents.

Ses toutes petites mains saisissaient la membrane rouge de son œil et s'y accrochaient pour la vie. Ses pieds étaient ballants. Sa bouche s'étirait. Il hurlait pour sa vie, mais sans le son. John Kaimon serrait les paupières, déterminé à garder les yeux fermés. Ça ne servait pourtant plus à rien. Il ne put le supporter.

Il rouvrit les yeux. Belt était agenouillé là. Juste en face de lui, à moins d'un mètre, les yeux ouverts, mais le lieu où ils convergeaient était perdu loin de là où il se tenait.

« J'ai décidé que ce n'était pas juste », dit-il.

John Kaimon ne put trouver le souffle pour répondre. Il ferma les yeux et fit semblant de méditer. Jefferson Davis était toujours là, toujours en bébé, ses mains hystériques toujours accrochées à la membrane rouge de sa paupière. Mais à présent, il était reconnaissant à cette image. Ce qu'il ne pouvait pas supporter auparavant l'aidait maintenant à supporter ce qui n'était pas là avant.

« J'ai décidé que ce n'était pas juste de simplement te bannir, dit Belt. C'est trop facile. Trop facile pour moi. » Il s'arrêta de parler un long moment, pendant lequel Jefferson Davis Munroe s'accrochait, donnait des coups de pied et poussait ses hurlements silencieux. « Le fardeau m'appartient, mais seulement jusqu'à un certain point. Au-delà, c'est à toi qu'il appartient. »

En entendant parler de fardeau, John Kaimon ouvrit les yeux.

« Saviez-vous que Gaye Nell Odell était enceinte ?

– Je ne savais pas que la ceinture marron était enceinte, non. »

En dépit du respect qu'il avait pour les mains de Belt, John Kaimon eut un sursaut de colère. « Son nom, c'est Gaye Nell Odell, dit-il. Vous le savez que son nom c'est Gaye Nell Odell. » Il essayait d'effacer la colère de sa voix.

« Ce que je sais, c'est que c'est une ceinture marron. C'est ce qu'elle veut être. C'est comme ça que je l'appelle.

– Une ceinture marron *enceinte*, dit John Kaimon.

– Non, ça, je ne le savais pas. »

Belt fit un petit geste de ses mains.

« On peut s'occuper ça. Je ne suis pas venu parler de ça. Ça se réglera tout seul.

– S'il y a une chose qu'un bébé ne peut pas faire, c'est bien se régler tout seul, dit John Kaimon. Même moi, je sais ça. »

Belt refit le même petit geste avec ses mains.

« Dans ce cas, il faudra qu'on s'en occupe. Vois comme tout devient simple.

– Je ne trouve pas que ce soit très simple.

– Toute chose devient simple dans l'esprit du karaté.

– Rien n'est devenu simple pour moi depuis que je suis là. Je pensais que ça le serait peut-être, mais ça ne l'a pas été.

– Mais ça peut encore l'être.

– Oui, ça peut toujours. Je l'espère toujours.

– Tu viens du Mississippi ? dit Belt.

– Oui.

– Tu penses à quoi quand tu penses au Mississippi ?

– À des nègres et à des chiens.

– Pourquoi ?

– Quoi, pourquoi ? Vous me demandez à quoi je pense. C'est à ça que je pense. En y réfléchissant, je vois des chiens affamés et des nègres malades.

– C'est pour ça que tu es parti ? »

John Kaimon y réfléchit pendant un moment. Il y avait déjà pensé. Il était sûr de la raison qui lui avait fait quitter le Mississippi.

« Je suis parti à cause de Faulkner. De M. William Faulkner. »

Mais aussitôt qu'il l'eut dit, il fut certain qu'il avait dû partir à cause de tous ces chiens affamés et de ces nègres malades. Quand il pensait au Mississippi, c'était à des millions de nègres malades qu'il pensait : sur le bord des routes, sur les routes, dans les buissons, sur le toit des maisons, dans les arbres. Et au milieu des nègres malades cheminaient les chiens affamés.

« Je sais qui c'est, dit Belt.

– Tout le monde sait qui c'est.

– Il a eu un prix Nobel.

– C'est bien lui.

– Un écrivain.

– Il a écrit beaucoup de livres.

– Il était du Mississippi, dit Belt.

– De la même ville que moi. Oxford. Oxford, dans le Mississippi. C'est là qu'est l'université. *Ole Miss.*

– Connue pour ses reines de beauté, dit Belt. Beaucoup de reines de beauté viennent de là-bas.

– Comme William Faulkner », dit John Kaimon.

Il se sentait mieux. Ils en arrivaient à un arrangement.

« Elle m'a parlé de Faulkner, dit Belt. Je connaissais déjà le nom. Mais elle m'a parlé du pull que tu portes.

– Qui vous en a parlé ? »

Mais il le savait déjà.

« La ceinture marron.

– Gaye Nell Odell vous a parlé de mon pull Faulkner ?

– Oui.

– Qu'est-ce qu'elle vous a dit ?

– Que tu en avais un. Que tu le portais.

– Ben, vous pouvez la croire. C'est la vérité.

– La vérité est une bonne chose, dit Belt.

– Ouais. Je pense que c'est quelque chose que tout le monde sait. »

Il avait complètement oublié qu'il avait été terrifié en ouvrant les yeux et en voyant Belt en face de lui. « Je connais des gens, continua-t-il d'une voix maintenant songeuse, qui passent toute leur vie à chercher la vérité. Ils y pensent, ils en parlent, et la cherchent toute la journée. Ça semble dur à croire, mais c'est vrai. » Il pensait aux gens de la communauté hippie où il avait chopé la chtouille et où il avait failli mourir d'une hépatite.

Belt ne répondit pas, et ils restèrent là à se regarder pendant un temps qui parut interminable ; et puis Belt se leva lentement, se dirigea vers un énorme coffre en bois fixé au mur d'en face et rapporta devant John Kaimon un tas de choses. Belt s'agenouilla et posa le tas sur le sol. C'étaient des tuiles de toit. John Kaimon les reconnut de l'époque où il travaillait comme ouvrier sur un chantier de construction à Hayward, Californie.

« Une démonstration de la vérité, dit Belt. Ça s'appelle *tameshiwari*. »

Il s'agenouilla et garda les yeux clos quelques instants. Puis il les ouvrit et fixa la pile devant lui. John Kaimon compta nerveusement les tuiles. Vingt. Un *kiai* explosa, et, en même temps qu'il poussait son cri, Belt frappa de la tête le tas de tuiles qui volèrent en éclats, dont certains vinrent heurter John Kaimon. Les vingt tuiles étaient proprement coupées en deux par le milieu.

John Kaimon savait que ce qu'il avait vu était vrai. Et impossible.

Belt, toujours à genoux, calmement, le regardait. « *Et*, dit-il en pointant l'index, *et* Milon, le plus grand des lutteurs grecs, a un jour porté un taureau autour du stade d'Olympe, l'a tué d'un simple coup, et l'a mangé à lui tout seul. Tout – os, peau et tripes. Et cinq siècles avant Jésus-Christ – *cinq* –, un autre Grec, Théagène, un champion de boxe, a mis K.O. deux mille cent deux adversaires, dont dix-huit cents furent tués. »

Belt s'interrompit pour l'examiner. John Kaimon sentit qu'il devait dire quelque chose.

« Ça fait un bout de temps. Avant Jésus-Christ, ça fait un bout de temps.

– Un homme vivant aujourd'hui, reprit Belt patiemment en frappant le sol de l'index pour signifier que c'était bien de nos jours, le grand maître de karaté Masutatsu Oyama, en octobre 1954, a combattu un taureau à mains nues à Tateyama, dans la préfecture de Chiba. »

Belt se pencha en avant sur ses doigts rugueux et plaça son visage si près de celui de John Kaimon qu'on aurait pu croire qu'il voulait l'embrasser. Ses yeux brillaient de plaisir. « Il rasa les cornes du taureau comme des poils. » Il leva le tranchant de sa main, rouge comme de la viande crue, tout enflé et palpitant comme un cœur. « Et l'a tué d'un simple *shuto* à la tête. »

John Kaimon n'allait pas se laisser intimider. N'avait-il pas rasé sa propre tête et souffert d'avoir été violé par deux hommes et une femme ? Il était allé trop loin pour reculer maintenant. Il se pencha vers Belt. Leurs nez se touchaient. Aucun d'eux ne cillait.

« On dit que Faulkner a écrit plus de vingt livres ! » Sa voix n'était plus qu'un chuchotement sauvage. « Vingt. Avez-vous déjà mis le nez dans un livre ? Je veux dire, vraiment mis le nez ? Tous ces petits mots qu'il y a dedans. Toutes ces lettres. Vous êtes-vous jamais demandé ce que ça implique pour un homme ? Avez-vous déjà songé à vous asseoir avec un crayon et à recopier un livre ? Juste mot à mot, l'écrire sur un autre bout de papier ? »

Belt cligna de l'œil. « Non, dit-il. Jamais. » Et ils clignèrent tous deux des yeux et retirèrent leurs nez.

« Je l'ai fait, dit John Kaimon. Un jour, j'ai acheté un bloc-notes et un crayon. J'ai copié les vingt premières pages d'un livre appelé *Le Bruit et la Fureur*, et j'ai vu que c'était impossible. C'était là, en face de moi, et c'était donc vrai, un fait, mais impossible.

– Impossible, dit Belt.

– Impossible, dit John Kaimon.

– Oui, dit Belt, c'est quelque chose qui arrive. Ça arrive même aux meilleurs.

– Bien. Ça m'est arrivé. Ensuite, j'ai commencé à rêver de sa maison.

– Sa maison ?

– Vous auriez dû la voir, dit John Kaimon. Plantée là, dans ce pays de chiens affamés et de nègres malades, vous auriez dû voir cette maison. C'était une chose *qu'aurait* pu avoir un pervers dégénéré, et il l'avait. Et il vivait aussi dedans.

– Pervers ? »

Les yeux et les coins de la bouche de Belt s'abaissèrent. John Kaimon savait par Lazarus que la perversion était une chose que Belt ne pouvait pas supporter.

« Pervers et dégénéré, dit-il.

– J'ai jamais entendu parler de ça », dit Belt.

John Kaimon lui sourit d'un sourire patient.

« On voit que vous n'êtes jamais allé dans le Mississippi.

– J'ai été dans l'Arkansas.

– Il n'y a pas de Faulkner dans l'Arkansas. S'il y en avait eu, vous auriez entendu dire qu'il était pervers et dégénéré.

– Mais il a obtenu le prix Nobel, s'étonna Belt.

– De la part des Européens, expliqua John Kaimon. Les Européens sont pervers et dégénérés eux aussi. Les États-Unis n'auraient jamais donné un prix Nobel à Faulkner. C'est un mystère. Je ne suis pas en train d'essayer de vous dire que ce n'est pas un mystère. Avoir une maison comme ça sur une terre de chiens affamés et de nègres malades – John Kaimon hocha la tête –, c'est un mystère.

– Je n'ai jamais su que c'était un pervers, dit Belt. Je le savais célèbre, mais j'ignorais que c'était un pervers.

– Le rédacteur en chef de l'un des meilleurs journaux de l'État du Mississippi a dit que Faulkner venait d'une école secrète de littérature. J'ai eu un peu de mal à comprendre ce qu'il voulait dire par école secrète de littérature. Et vous ne vous attendez pas à trouver du miel dans les toilettes[1]. Vous vous attendez à trouver de la merde. En plus de ça, toutes ses œuvres sont pleines de monstres.

– De monstres ?

– De monstres, répéta John Kaimon. C'est une chose sur laquelle tout le monde s'accorde. L'œuvre de Faulkner est un défilé de monstres.

– Alors, c'était probablement un pervers, dit Belt.

– Il y en a beaucoup qui pensent qu'il l'était.

– Ceux qui pratiquent le kendo – l'art japonais de l'escrime – ont un dicton : "Si l'épée est vraie, le cœur est vrai ; et si le cœur est vrai, l'épée est vraie." »

Avec un regard furieux, John Kaimon se pencha à nouveau agressivement sur ses doigts. « Faulkner n'a jamais pratiqué

1. Jeu de mots difficilement traduisible : *privy* veut dire à la fois secret et toilettes.

l'escrime japonaise. Il monte quelquefois à cheval, mais il n'a jamais fait l'andouille avec une épée japonaise. »

Sans colère, comme un père à son fils, Belt dit : « Ne fais pas exprès d'être stupide. Tu as de l'instruction. C'est bien de réfléchir quand on a de l'instruction. »

John Kaimon se rassit, mais il ne cilla pas. « Je pensais que j'allais être puni.

– Il n'y a que de l'instruction sur un dojo de karaté. S'il y a punition, douleur, défaite ou joie – tout ça c'est aussi de l'instruction. »

Belt marqua une pause prit une respiration de karaté – l'*ibuki* – en amenant les deux bras à son visage et en les croisant par les poignets, avant de les baisser lentement et de les écarter pendant qu'il exhalait. Lazarus avait instruit John Kaimon en matière d'*ibuki*. L'important était de finir sa respiration le souffle coupé, tout pâle et tout tremblant. Ça restaurait le calme. Une fois qu'il eut terminé, Belt se tourna vers John Kaimon.

« "Si le cœur est vrai, l'épée est vraie", ça veut simplement dire que le cœur est manifeste dans l'épée. L'épée *est* le cœur. Tu comprends ?

– Oui », répondit John Kaimon.

Et c'était vrai.

« Mais c'est possible.

– Oui, dit Belt. C'est possible.

– Mais d'une manière ou d'une autre, ça ne résoudrait pas le problème, dit John Kaimon.

– Il y a un mystère en chaque chose, dit Belt, et aucun n'est facile. Il y a un mystère dans le rocher. Prends un jour un caillou dans tes mains, mets-toi à genoux et médite à son sujet : regarde-le, ressens-le, touche-le avec la langue. Et tu sentiras un mystère t'entourer, un mystère assez grand pour les contenir tous. »

John Kaimon eut un geste brusque et nerveux et se pencha vers Belt en le fusillant du regard.

« Je ne suis intéressé par aucun bon Dieu de rocher. C'est assez avec Faulkner. Quand j'en aurai fini avec lui, je me mettrai à ce putain de rocher. Mais jusque-là, ça me bouffe la tête. J'ai trimballé son visage à travers toute l'Amérique et j'y connais toujours rien.

– Les mystères sont exprimés en fonction d'un homme, dit Belt. Et ils sont résolus en fonction d'un homme. Tu ne résoudras pas un mystère en le trimballant à travers l'Amérique ou ailleurs. Tout se fait à l'intérieur.

– À l'intérieur ?

– Exact. C'est un boulot qui se fait à l'intérieur. Rentre à l'intérieur et trouve la solution dans ton esprit. »

John Kaimon n'arrivait pas vraiment à penser à l'intérieur de lui-même. Ou plutôt, il ne pouvait pas le faire d'une façon qui lui semblât importante. Tout ce qui lui venait étaient des images de veines, d'artères, de foie ou autres organes humides et serrés serrés serrés dans des endroits moulés dans une perpétuelle brume rose de sang.

« Je ne crois pas que ça marche avec moi, dit-il.

– Ça marche pour quiconque veut que ça marche, répondit Belt en se levant. Viens. Je vais te montrer quelque chose. »

Ils sortirent de la pénombre du dojo et s'avancèrent sous le soleil étincelant, dans la cour craquelée et au-delà de la piscine à présent désertée, vers le dernier local du Sun N'Fun Motel. Ils entrèrent. Rien ne le distinguait des autres. Il y avait un futon sur le sol, et sur le mur un bouddha trapu et plein de cendres blanches d'encens. Belt, qui se tenait sur le pas de la porte, désigna le mur du fond où un document encadré était accroché. Il était sous verre et reflétait la lumière qui entrait par la porte ouverte, que Belt referma derrière lui. Ce document encadré rendait cette chambre différente de toutes celles qu'il avait vues précédemment. Il s'approcha. Il se pencha et scruta l'ombre. Et puis, il haussa les épaules.

« Bien sûr, dit John Kaimon. Ouais. Bien.

– Je l'ai eu à l'armée, dit Belt. La guerre de Corée. 1952. »

Belt le regardait, et John Kaimon ne savait pas quoi dire. Il ne pouvait pas non plus croire que Belt s'attendait à être félicité pour avoir obtenu une libération honorable de l'armée des États-Unis. Deux cachets étaient tamponnés dessus. Ils étaient écrits avec des lettres pleines de courbes, de volutes et de toutes sortes de fioritures, qui semblaient presque gothiques.

« Je l'ai eu pour lâcheté », dit Belt. John Kaimon tourna la tête pour dévisager Belt. « Lâcheté face à l'ennemi », continua Belt.

John Kaimon revint vers le cadre, s'avança plus près, scruta mieux. En travers du document, écrit en lettres tarabiscotées, on lisait les mots : *« Exclu pour manquement à l'honneur. »*

« Il y a dû avoir erreur, dit John Kaimon.

– Pas d'erreur, dit Belt.

– Vous voulez dire que...

– J'ai paniqué, reculé, tremblé, eu la trouille et chouiné comme un bébé. Je me suis liquéfié. Lâcheté face à l'ennemi. »

D'une voix étonnée, perplexe, John Kaimon répéta :

« Lâcheté face à l'ennemi.

– Exact.

– J'arrive pas à le croire.

– C'est vrai.

– Je peux toujours pas le croire.

– Un problème fréquent, dit Belt. La croyance n'a aucun rapport avec le vrai ou le faux. N'a jamais eu de rapport et n'en aura jamais. Mais ça peut t'aider de savoir qu'à cette époque, je ne m'appelais pas Belt. Ce n'était pas mon nom. Ce n'était pas ce que j'étais. À l'époque, je m'appelais Alonzo Fiber. C'était comme ça que je m'appelais, et c'était aussi ce que j'étais. Alonzo Fiber, vendeur de voitures d'occasion, mobilisé, caporal-chef, et je me suis liquéfié à cent kilomètres de Séoul, en Corée, lâcheté face à l'ennemi. »

Il avait dit ça sur un ton de grande satisfaction. C'était embarrassant pour John Kaimon, qui avait été amené à croire qu'un homme devait accomplir son devoir et, s'il s'avérait incapable de le faire, devait garder le silence et jamais, sous quelque circonstance que ce soit, sauf peut-être l'ivresse, n'en souffler mot à quiconque. John Kaimon examina le certificat d'exclusion pour manquement à l'honneur. Le nom d'un colonel y était inscrit à l'encre bleue. Colonel Jonathan Strawbridge Wheeler. Le nom était écrit d'une main forte et ferme.

« Un certificat d'exclusion pour manquement à l'honneur, s'étonna John Kaimon. Je n'en avais encore jamais vu.

– Pour te dire la vérité. Je ne crois pas que quiconque en ait vu un. Ce truc est un faux. »

John Kaimon poussa un soupir de soulagement et sourit.

« Je savais que ça ne pouvait pas être vrai.

– C'est vrai. Je l'ai dit, non ? Je ne plaisante jamais avec la vérité. »

Son visage s'était assombri. Une veine palpitait au sommet de son nez, et John Kaimon ne put que se souvenir de l'incroyable coup de tête que Belt avait donné dans le tas de tuiles.

« J'essaye de comprendre, dit-il. Vous m'avez amené ici pour me le montrer.

– Faux. Tu as couru une dizaine de kilomètres pour arriver ici. Tu as dégueulé pour arriver ici. Dois-je t'emmener dans la cour et te montrer où tu as dégueulé ?

– Non.

– Bien.

– Mais vous voyez ce que je veux dire.

– Non. Je ne sais pas non plus ce que tu veux dire.

– Eh bien, vous avez parlé de lâcheté face à l'ennemi. C'est ce que vous avez dit. Ensuite, vous avez dit que c'était un faux et j'ai été soulagé. C'est tout. »

Belt s'avança et tapota le verre couvrant le document. « *Ceci* est un faux. La lâcheté est réelle. À une centaine de kilomètres de Séoul, Corée, je suis tombé en vrac. Je me suis liquéfié en face de l'ennemi et de quarante-neuf lieutenants, trente et un capitaines, dix-sept commandants, dix lieutenants-colonels, sept colonels et un général. Toute une équipe d'inspection générale s'était envolée du Pentagone juste pour me voir craquer et voler en éclats comme du verre bon marché. Ils m'ont arrêté, rétrogradé, condamné, jeté en prison. Mais ils ne m'ont jamais donné le certificat de renvoi. Jamais. Bon, à cette époque, je m'en foutais. Mais plus tard – après avoir rencontré Jefferson Davis Munroe et après avoir eu ma ceinture rouge –, je voulais ce certificat. *Tu comprends ?* Je le voulais ! Tu crois qu'ils me l'auraient donné ? Que dalle ! Un certificat qui était à moi, que j'avais gagné en me liquéfiant devant une inspection générale du Pentagone – j'ai été arrêté et emprisonné pour ça –, ils ne voulaient juste pas me le donner.

– Pourquoi ? Qu'est-ce qu'ils ont dit quand vous avez demandé ?

– Qu'ils n'en avaient pas. Que si vous avez mérité un renvoi honteux, vous n'avez pas de certificat à encadrer. Que personne n'en avait jamais demandé. »

John Kaimon frotta la peau grumeleuse de son crâne en regardant le document.

« En y réfléchissant bien, c'est *difficile* à imaginer. Je veux dire des certificats d'exclusion pour manquement à l'honneur produits en masse quelque part, dans une petite usine, avec un contrat de l'armée pour les imprimer, avec un contremaître et des types pour composer les caractères, et un manœuvre pour les empiler et lier les ballots avant de les mettre dans un wagon, c'est plutôt dur à imaginer.

– Mais j'en voulais un, dit Belt. Je l'avais gagné. Il était à moi… enfin, à Alonzo Fiber.

– Et ils ont fini par céder et vous le donner ?

– Non, ils n'ont jamais voulu admettre que ça existait.

– Mais il est là, insista John Kaimon. Vous l'avez eu.

– Un faux, dit Belt. Je t'ai dit que c'était un faux. Je l'ai eu ici, à Hollywood, Floride. Quand je suis venu ici pour la première fois, j'ai marché toute une journée sur la plage. Je suis passé devant une boutique et j'ai vu une pile de journaux dans la vitrine. Ils étaient couverts de gros titres du genre "UN GROS BANQUIER DE NEW YORK VIOLE UNE GIRL À MIAMI", et "UNE MÉNAGÈRE ARRÊTÉE POUR EXHIBITIONNISME" et d'autres trucs du même tonneau. »

John Kaimon était sur le point de parler, mais Belt l'interrompit en levant la main.

« C'était juste une boutique où les touristes achetaient des choses imprimées pour les envoyer chez eux, des copies de journaux disant qu'ils avaient été violés, battus, assassinés, humiliés, accusés et condamnés.

– Pourquoi voudraient-ils faire une chose pareille ?

– Une blague.

– Une blague ?

– Une blague, dit Belt. Tout ça, c'est pour faire une blague. Ça ne veut rien dire du tout.

– Mais je ne comprends pas pourquoi ils font ça.

– Est-ce que tu peux comprendre une blague ?

– Ouais, mais...

– Parfait. Bref, je suis entré et j'ai demandé ce que je voulais. Mais j'ai bien failli ne pas l'obtenir. Il ne voulait pas le faire. Il a dit qu'il n'en avait jamais imprimé. De plus, il faisait partie des Anciens Combattants des guerres étrangères. Mais j'ai fini par l'avoir.

– Comment ?

– En lui donnant plus d'argent. »

Ils se tournèrent tous deux vers le certificat. Ni l'un ni l'autre ne prononcèrent le moindre mot pendant un long moment, et John Kaimon finit par dire :

« Comment saviez-vous à quoi ça ressemblait si vous n'en aviez jamais vu ?

– J'ai pris un certificat de renvoi honorable et j'ai fait faire presque exactement le contraire.

– Oh.

– Je l'ai même signé.

– Avez-vous inventé le nom du colonel ?

– Oui, dit Belt. Tu ne penses pas que Jonathan Strawbridge Wheeler sonne comme le nom d'un vrai colonel ?

– Si, je le pense. C'est le nom d'un grand colonel. Même si je n'ai jamais encore connu de colonel ni d'officiers. Mais c'est le nom d'un grand colonel.

– Pas besoin d'en connaître, dit Belt. T'as juste à connaître le vrai truc, comment sonne le nom d'un vrai colonel normal. Tu es américain, c'est dans tes gènes. C'est exactement la raison pour laquelle je voulais ce certificat d'exclusion accroché à mon mur. Il clôt le chapitre Alonzo Fiber. Il commence celui de Belt. Tu te souviens que je t'ai dit il y a quelque temps que j'étais de l'Arkansas ?

– Oui.

– C'est là que je suis né. C'est de là que j'étais avant.

– Je ne comprends pas.

– Arrête de dire ça. Tout le monde *sait* que tu ne comprends pas. Tu es humain, n'est-ce pas ?

– Oui », dit John Kaimon.

Et il se sentit idiot d'avoir répondu à une telle question. Mais cela ne semblait pas préoccuper Belt.

« Alors, arrête de dire que tu ne sais pas », dit Belt. Il regarda autour de lui. « Où en étais-je ?

– L'Arkansas était l'endroit d'où vous veniez avant.

– Oui, c'est ça. Mais plus maintenant. Ceci – il désigna le certificat encadré – y a mis fin. Je ne suis pas de l'Arkansas. Je ne suis pas des États-Unis. Je ne suis plus de quelque part. Je suis de partout. Je suis de là où je me trouve. »

John Kaimon aurait voulu dire qu'il ne comprenait pas, mais il comprenait.

« Je me suis retiré du reste, continua Belt. J'ai dit adieu à tout ça. Le seul pays que je défends, c'est les deux mètres carrés qui m'entourent où que je sois. »

Ils restèrent à se regarder en chiens de faïence. Finalement, John Kaimon demanda :

« J'ai fini ?

– Fini quoi ?

– De méditer.

– Est-ce que tu sens que tu as fini ?

– Oui.

– Alors, je m'en vais.

– En a-t-on fini, ici ?

– Je t'ai dit tout ce que je voulais te dire pour cette fois, dit Belt. Alors oui. »

John Kaimon désigna le certificat.

« Je n'y crois toujours pas.

– Je ne m'attendais pas à ce que tu y croies. Mais tu y croiras probablement un jour. »

John était déjà prêt à partir, il avait les mains sur la poignée de la porte, quand Belt lança :

« Tu as une classe prévue à une heure.

– Qui la donne ?

– C'est toi qui la donnes, dit Belt. C'est ta classe.

– La mienne ?

– Marvin, George et quelques autres, dit Belt. Ils veulent que tu leur enseignes. »

John Kaimon agita la main en face de lui comme s'il voulait chasser quelque nuage.

« Vous voulez dire qu'ils...

– Tous les jours, dit Belt. Ils reviendront tous les jours. Je leur ai dit que tu leur donnerais un cours aussitôt que tu serais prêt. C'est correct, non ? Tu vas bien prendre la classe, n'est-ce pas ? »

John Kaimon n'hésita pas.

« Bien sûr.

– Ils sont probablement déjà là à attendre près de la piscine. »

13

John Kaimon sortit sous le soleil et les trouva à côté de la piscine, sous le semblant d'ombre des palmiers. Ils étaient six : George, Marvin, et quatre de leurs copains. Ils portaient tous un kimono blanc et une ceinture blanche. L'un d'entre eux, un jeune homme superbe, mince, portant du fard à paupières violet, était debout à l'extrémité de la planche cassée du plongeoir et regardait au fond du bassin vide. Ils regardaient John Kaimon arriver à travers la cour craquelée. George quitta le semblant d'ombre pour venir à sa rencontre et le salua d'une inclinaison raide et formelle du buste.

« On attendait, dit George.

– Belt m'a dit que vous étiez là.

– Nous sommes les six restants.

– Où sont les autres ?

– Ils n'ont pas voulu revenir, dit George. Ils n'étaient pas prêts à le supporter. »

John Kaimon attendait de voir ce qui allait bien pouvoir se passer maintenant. Il ne savait pas quoi faire. Il laissa son regard dériver par-delà les épaules de George, vers l'US 1, où le trafic était totalement figé. De nombreuses voitures arboraient de petits drapeaux américains en plastique fixés sur les antennes. John Kaimon se souvint alors qu'il avait perdu quelques jours à dormir et qu'on devait être en juillet. On devait être près du 4 Juillet, le jour de la fête nationale. Parce que le silence était embarrassant et parce qu'ils le dévisageaient tous – sauf le garçon sur le plongeoir cassé qui fixait toujours d'un air mauvais le fond de la piscine –, John Kaimon lança : « On ne doit pas être loin du 4 Juillet. »

Et ils se tournèrent tous pour suivre son regard vers la rivière gelée de métal étincelant qui coulait sur l'US 1.

« Aussi près que possible, finit par dire le gars sur le plongeoir. Le 4 Juillet, c'est aujourd'hui. »

Et, sous leurs yeux, la rivière de métal s'arrêtait, palpitait, projetait des nuages de fumée bleue, semblait flotter au-dessus du macadam brûlant et ondulant de la route nationale. Presque immédiatement, ils aperçurent les passagers, flous comme des spectres derrière leur pare-brise embué. À l'intérieur des voitures, ils se dessinaient de petits hublots dans le film humide laissé sur les vitres par l'air conditionné. Leurs visages blancs, comme des poissons dans un aquarium, apparaissaient dans les hublots et les dévisageaient.

« On est venus pour une leçon, dit George. Est-ce que tu vas enseigner, aujourd'hui ?

– Bien sûr », répondit John.

Il ne voyait pas ce qu'il aurait pu dire d'autre.

Le gars sur le plongeoir sauta, rejoignit les cinq autres, et ils s'alignèrent près du petit bain pour attendre qu'il les passe en revue avant de descendre. Leur attitude était empreinte de déférence. On le sentait dans la façon dont ils s'écartaient de lui ; dans la façon dont ils suivaient le moindre mouvement de ses yeux. John Kaimon craignait que le garçon aux yeux violets ne tombe subitement à genoux et ne se mette à lui lécher les mains.

Mais quand ils furent enfin tous au fond du grand bain, il ne savait plus quoi faire d'eux.

« Ils sont au fond, dit John Kaimon. Et je suis un pauvre connard si je sais pas quoi faire d'eux. »

Il s'adressait à Lazarus, qui se tenait nu dans la position du lotus devant un énorme poste de télé en couleurs. John Kaimon transpirait et pelait d'un air absent les peaux mortes du haut de son crâne. Son kimono était trempé. Il venait juste d'en finir avec George et ses amis et les avait renvoyés. Il était allé directement dans la chambre de Gaye Nell Odell au Sun'N Fun après en avoir fini, mais elle était déjà partie. Il était ensuite revenu et avait trouvé Lazarus rivé à son poste de télé RCA. La couleur n'était jamais la bonne, sur ce poste. Lazarus avait arraché les boutons de réglage de la couleur et les avait balancés. Il voulait que la couleur soit mauvaise. John Kaimon connaissait l'histoire de ce poste de télé et la fascination que Lazarus avait pour lui. C'était le seul bien qui lui restait de son mariage rompu. C'était la seule chose qu'il avait voulue. Il regardait les pubs. La plupart des gens que John Kaimon avait connus ne regardaient jamais les publicités. Mais Lazarus, si. Ce qui intéressait Lazarus, ce n'était pas les émissions, mais la compagnie qui les sponsorisait. Sa favorite était la pub de Buick.

« Allez, Lazarus, fit John Kaimon, coupe ce truc et écoute-moi. J'étais dans la piscine, et je n'avais pas la moindre idée de ce qu'il fallait que je fasse d'eux.

– Chut, dit Lazarus. La voilà.

– Quoi ?

– Elle. »

John Kaimon jeta un œil en direction de l'écran : une fenêtre sur un monde étrange où les gens avaient la peau verte et, quelquefois, les dents orange, et où les arbres fleurissaient noirs dans un désert de menthe poivrée. C'était la pub de Buick.

Buick, disaient les mots sur l'écran, *quelque chose en quoi vous pouvez croire.*

Il y avait aussi d'autres pubs dont Lazarus ne se lassait jamais. American Oil Company en avait une qu'il ne manquait sous aucun prétexte. Et il avait même fait ce que la pub d'American Oil Company l'exhortait à faire : « Rendez-vous à la station Amoco la plus proche, prenez un badge qui dit *Je suis un fidèle*, et portez-le fièrement. » Lazarus en avait une boîte à chaussures pleine, à côté de ses kimonos, dans une armoire. Il connaissait tous les programmes sponsorisés par Amoco, et bien qu'il n'en ait jamais suivi un seul, il ne manquait jamais une pub.

Sur l'écran, une Buick glissait le long d'un ruban de route qui s'élevait dans un ciel bleu bordé de nuages. Elle était conduite par un homme aux yeux dorés et à la chevelure bleue. Ses mains – belles et parfaitement manucurées – tenaient un volant scintillant de flammes. Et plusieurs voix hors champ se succédaient pour affirmer qu'elles avaient toujours voulu croire en quelque chose et qu'elles l'avaient finalement trouvé avec leur Buick 1970. Elles pensaient que c'était quelque chose en quoi *tout le monde* pouvait croire. Puis l'écran s'assombrit brutalement, et Lazarus appuya sur le bouton d'arrêt. Un silence d'église s'installa dans la pièce.

Lazarus leva les yeux sur lui, le visage resplendissant.

« J'en ai trouvé une autre hier soir, annonça-t-il. C'est sur une lame de rasoir. Elle fait quinze mètres de haut. Vingt mètres, trente même. Une lame de rasoir plus haute que les idoles d'Égypte. Et tous ces types, avec leurs serviettes autour du cou et leurs bols à raser dans la main, regardent et se démènent à travers collines, montagnes et déserts, et soudain la voilà, debout toute droite dans le soleil ; alors les pèlerins balancent leurs bols et commencent à se baigner et à se réjouir dans les eaux de cet endroit.

– Lazarus, dit tranquillement John Kaimon, tu es dingue. »

Ils se tournèrent tous les deux ensemble et fixèrent du regard l'écran sombre de la télévision.

« T'es pas net dans ta tête, continua John Kaimon. Pas net du tout.

– Non, répondit Lazarus, c'est vrai. Et je chante son nom pour ça.

– Le nom de qui ?

– Ben, celui de Belt, bien sûr.

– Il m'a envoyé à nouveau dans la piscine.

– Qui, Belt ?

– Oui.

– Quand ?

– Il y a un moment. George et Marvin étaient revenus. Avec quatre de leurs copains. Ils voulaient une leçon.

– Je sais, dit Lazarus. Ils n'arrêtent pas de revenir depuis que tu les as eus la première fois.

– Je ne savais pas quoi faire d'eux.

– Tu ne savais pas ?

– Non.

– Comment s'est passée la leçon ?

– Super.

– Ils sont partis, maintenant ?

– Ouais, ils sont partis il y a quelques minutes, en sang, aveugles, et riant comme des gamins.

– Qu'est-ce que tu as fait avec eux ?

– Je les ai juste mis dans le grand bain et je les ai laissés me regarder pendant qu'ils s'esquintaient les poings contre la planche makiwara, pour le plus grand bien de leur esprit.

– Ne sois pas sarcastique.

– Je ne le suis pas. C'est exactement ce que j'ai fait. Et c'est exactement ce qu'ils ont fait. Ils voulaient me regarder et se mettre à l'épreuve contre les murs en ciment du grand bain et m'entendre parler des choses de l'esprit.

– Et tu l'as fait ?

– J'ai fait quoi ?

– Parler des choses de l'esprit.

– Un peu, que je l'ai fait.

– Je sais que tu t'en es bien sorti, dit Lazarus. Rappelle-toi ce que je t'ai dit et n'enseigne que ce que tu connais, que ce que tu as appris. Tout ira bien.

– C'est pas facile pour moi, tu sais. Quelquefois, tu n'es pas très sûr de ce que tu as appris.

– Je sais, dit Lazarus.

– Écoute, en fait, je suis venu te poser des questions sur Gaye Nell Odell. »

Lazarus interrompit John Kaimon.

« Ne fais pas ça, dit-il. Ne me pose pas de question sur elle.

– Elle est partie quelque part, dit John Kaimon. Je veux juste savoir où. C'est un concours de quelque chose. »

Il savait parfaitement que c'était un concours de beauté, c'était du moins ce qu'elle lui avait dit, mais il n'arrivait pas à le croire. « Elle a dit que je pouvais y aller avec elle, mais elle est partie avant que j'aie eu le temps de lui demander où c'était. » Il avait l'impression qu'elle avait changé d'avis et qu'elle était partie délibérément sans lui. « Tu sais où c'est ? »

Lazarus reporta son regard sur l'écran éteint de son RCA et sembla soupirer. « Oui, je sais où c'est. »

John Kaimon attendit.

« Alors ?

– Alors quoi ?

– C'est où, bon Dieu ?

– Dania Beach, dit Lazarus. C'est la fête du 4 Juillet de Dania Beach.

– Elle a dit que c'était un concours de beauté, dit John Kaimon.

– Oui, un concours de beauté. Ça et tout un tas d'autres choses.

– Tu sais quand ça commence ?

– Quand il commence à faire noir.

– Bien, c'est parfait. »

Il se tourna pour partir.

« Je crois que je vais prendre encore un peu de pilules.

– Tu veux que je vienne avec toi, ce soir ? »

John Kaimon s'arrêta à la porte.

« Si tu veux.

– Je crois que je ferais mieux.

– Et l'Iron Horse ?

– Je vais demander à une autre ceinture de me remplacer.

– À quelle heure on part ?

– Vaut mieux y aller à six heures et demie si on veut y être le soir.

– Bon Dieu, on ne peut pas prendre le minibus ?

– On ferait mieux d'y aller à pied, dit Lazarus. Tu verras. C'est plus raisonnable d'y aller à pied.

– Comme tu voudras. »

John Kaimon fit un tour par la cuisine avant de retourner dans sa chambre. Il avait bien mangé quelques heures plus tôt, mais, bizarrement, il avait encore faim. Les pilules avaient bon goût. Il les avala avec appétit, prenant à satiété des fruits frais qui, pour la première fois depuis qu'il était au dojo, avaient vraiment un peu le goût de fruits frais. Ça l'excita jusqu'à ce qu'il se rendît compte que la viande rouge et les légumes feuillus avaient aussi le goût de fruits frais.

Il pensa que ça ne voulait probablement rien dire, et il se rendit dans sa chambre où il s'endormit aussitôt et fit un rêve qui n'était pas un rêve du tout, mais plutôt un souvenir, puisque c'était une partie de son enfance et maintenant de son âge d'homme, quelque chose qu'il trimbalait toujours avec lui et dont il se souvenait parfois le jour et parfois la nuit. Il venait, ce rêve (ou ce souvenir), comme le son de la voix de sa tante, plate et sans inflexion tel le bourdonnement d'une mouche, en train de parler, de lui parler de l'époque où sa mère avait été écrasée par un camion chargé de poulets (et maintenant, quand la voix disait « poulets », le vide noir de son sommeil fleurissait de plumes blanches voletantes, le camion fou essayait désespérément d'éviter le coupé Ford en route vers l'hôpital, la femme enceinte vomissait sur le bord de la route barbouillée de sang de poulet et de son propre sang, et son mari (son père à lui), déjà pas frais, devenait instantanément fou, et elle racontait comment elle (la sœur de sa mère) avait apporté à ce père fou et à ce mari inapte des biscuits faits maison dans un panier d'osier tous les dimanches à l'asile de l'État comme son devoir de chrétienne l'y obligeait, tout en le haïssant d'être devenu l'enfoiré qu'il était et simultanément implorant le pardon de Dieu pour la haine qu'elle ne pouvait contrôler même en faisant son devoir. Et la voix ne s'arrêtait jamais dans son rêve, comme elle ne s'arrêtait jamais dans son enfance pendant qu'elle racontait les nombreuses tragédies et les nombreux hauts faits des présidents des États-Unis. Elle n'avait jamais dépassé le cours élémentaire, mais elle connaissait l'histoire – publique et privée – de tous les présidents depuis George Washington (il avait mal aux dents. Très mal. Tu sais ce que ça signifie d'avoir la bouche pleine de fausses dents qui te font tout le temps souffrir ?), et elle, avec l'instinct sûr de ceux de son espèce, parlait de l'essor spectaculaire de Richard Milhous Nixon depuis les cendres de Californie avec l'échec non seulement dans la bouche mais sur tout le visage et sur toute sa famille. (Même le chien en avait un peu. Ça avait aussi atteint le chien. Checkers[1] était d'une autre époque, mais il en avait aussi eu son compte. Et tout ce qu'il nous a laissé en guise de souvenir, c'est lui se tenant là, sombre comme la mort – avec une femme adorable et deux filles adorables, aussi adorables que si elles avaient été fabriquées en cire –, disant : « Bon, les journaux n'auront plus de Richard Nixon à mettre en boîte. ») La voix bourdonnante parlait des problèmes de Dwight avec Mamie (tout le monde dans le Sud savait deux choses, disait-elle en se léchant les lèvres avec satisfaction : Mamie Eisenhower est une ivrogne, et la forme de la tête de Hubert Humphrey lui vient d'avoir eu de l'eau dans le cerveau à l'âge de dix ans et de ne s'en être jamais remis. On disait que ses oreilles fuyaient. On le taisait dans le Nord, mais dans le Sud, tout le monde le savait), et la voix continuait de bourdonner sur le même thème quand un coup sur la porte réveilla John Kaimon. Il tituba jusqu'au seuil, s'attendant vaguement à tomber sur Hubert Humphrey les doigts dans les oreilles ou Mamie se tapant une bouteille de gin, mais ce n'était que Lazarus. Dehors, il commençait à faire sombre.

1. Nom d'un des chiens de Richard Nixon.

« Je suis content que ce soit toi, dit John Kaimon.

– T'as pas l'air si bien que ça, fit Lazarus en s'installant sur le futon pendant que John Kaimon mettait ses chaussures.

– Je rêvais.

– T'es sûr de vouloir sortir ?

– J'en suis sûr.

– C'est quoi cette histoire que tu es content de me voir ?

– Rien. C'était rien. »

Ils ne dirent plus un mot jusqu'au raccourci qui menait à l'US 1 en direction de Dania Beach. Il faisait maintenant nuit. Il n'y avait aucune construction ni d'un côté ni de l'autre de la route, uniquement des marécages. L'air sentait le sel et le bois pourri.

« Tu veux qu'on coure ? demanda Lazarus.

– Oui. »

C'était la route qu'il avait parcourue en courant le premier jour avec Belt et les autres membres du dojo. Elle menait à Hollywood Beach, puis au nord vers Dania Beach et au fond vers les jetées bordant Port Everglades et Fort Lauderdale Beach. C'était un petit trot plaisant sur le chemin sablonneux qui longeait la route. Les étoiles commençaient à monter dans le ciel sombre.

« Je rêvais de ma tante, finit par dire John Kaimon.

– Aucune importance, fit Lazarus. Je n'aurais pas demandé.

– C'est ma tante qui m'a élevé », dit John Kaimon.

Lazarus ne répondit rien.

« Ma mère est morte à ma naissance, reprit John Kaimon.

– C'est dommage, dit Lazarus. C'est une tragédie. Mais beaucoup de femmes meurent en accouchant.

– Elle n'est pas morte en accouchant. Elle a été renversée par un camion de poulets. »

Lazarus trébucha sur le chemin et reprit son équilibre.

« Bon Dieu... Un de camion de poulets ?

– Et ils ont cru qu'elle était déjà morte quand je suis né. Papa est devenu fou. Il était fou quand ils sont arrivés. Le chauffeur du camion de poulets a dit que le temps qu'il sorte du fossé et qu'il recule jusqu'à l'endroit où il avait percuté la Ford, papa était déjà complètement fou. »

Lazarus ne répondit pas. Il se contenta d'accélérer le pas. Ils ne trottaient plus. Ils passèrent à un long galop bondissant. Ensuite, ils sprintèrent, sur la pointe des orteils, en faisant jaillir derrière eux de petits jets de sable durci. Ils dépassèrent un homme à bicyclette.

John Kaimon était une demi-foulée derrière Lazarus, mais il tenait sa place. C'était important pour lui de savoir ce que Lazarus pensait, mais il ne voulait pas le demander. Lazarus finit par dire : « C'est bien. C'est bien pour lui. Au moins le pauvre type a pu devenir fou. La plupart d'entre nous ne le peuvent pas. »

John Kaimon, enfin libéré de son rêve, put se concentrer sur sa course. Ils sprintèrent jusqu'à Hollywood Beach avant de tourner vers le nord et de repasser en petites foulées en atteignant le sable meuble. Ils pouvaient déjà apercevoir l'embrasement du ciel provoqué par les premiers feux d'artifice au-dessus de Dania Beach avant que John Kaimon ne se rende compte qu'il n'était même pas essoufflé. Pas plus qu'il n'avait la moindre envie de vomir. Il se dit que ça devait être les pilules, ça devait être les pilules et la sauce Hy-Pro. Ils avaient quitté le sable et ils marchaient maintenant sur la nationale A1A qui suivait la plage.

La circulation était très dense sur l'A1A et sur ses accotements, et ils durent ralentir pour éviter d'être heurtés. Les voitures avançaient pare-chocs contre pare-chocs, phares allumés en raison de l'obscurité. Un long cordon de lumières clignotantes se reflétait dans l'océan où les bateaux de pêche affrétés par les touristes retournaient à Port Everglades. La file de voitures s'était arrêtée. De nombreux véhicules s'étaient arrêtés sur le bas-côté étroit, où ils s'étaient garés. Et quelqu'un s'était même arrêté au beau milieu de la route, avait éteint ses phares et s'était dirigé paisiblement vers les feux d'artifice qui jaillissaient dans le ciel au-dessus de Dania Beach.

Il leur restait encore presque deux kilomètres à parcourir. Et pendant les derniers huit cents mètres, ils durent se faufiler entre les voitures, les camionnettes, les jeeps et les caravanes : enjamber les pare-chocs, glisser autour des ailes. Et pendant qu'ils marchaient vers les lumières bondissantes, d'autres voitures arrivaient derrière eux, s'approchant aussi près que possible pour finir par s'arrêter simplement là où elles étaient jusqu'à ce que, au bout d'un moment, il y en eut aussi loin que leurs regards pouvaient porter, quelques-unes klaxonnant, rugissant et se propulsant vers cet ultime mètre carré. L'air marin était lourd des vapeurs d'huile et de la senteur âcre de la poudre à canon.

Avant d'atteindre la plage, il leur fallait franchir une petite colline sur la crête de laquelle il y avait un combi Volkswagen coincé entre une Cadillac dorée et un piédroit en ciment. John Kaimon et Lazarus mirent le cap sur le combi. Des centaines, peut-être même des milliers – John Kaimon n'en avait aucune idée – d'hommes et de femmes rampaient sur les voitures dont les toits brillaient dans la lune montante. Ils étaient maintenant près du combi Volkswagen, qui se trouvait directement entre eux et l'enchevêtrement de bruits et d'explosions de chandelles romaines où, John Kaimon le savait, se trouvait Dania Beach.

Le combi Volkswagen était couvert d'inscriptions. Écrites soigneusement avec une peinture rouge brillante. Les inscriptions répétaient sans cesse la même chose, quadrillant le toit, les ailes, et coulant sur l'arrière, là où se trouvait le moteur : « RAMENEZ LE CHRIST CHEZ LUI ». Comme John Kaimon longeait le combi, il vit un visage à travers des fenêtres à rideaux, un visage luisant dans la lueur laiteuse qui tombait de la lune montante.

Et le cœur de John Kaimon se figea car c'était le visage de Jésus-Christ. Il l'avait vu des milliers de fois sur des éventails dans des églises du Mississippi, sur des calendriers, et même sur la page de garde d'une bible couverte de vrai cuir achetée sur catalogue par sa tante. On ne pouvait pas confondre ce visage : les cheveux séparés au milieu et tombant sur les épaules, ni blonds ni bruns, mais couleur noisette, et deux yeux noisette, morts, tués par la compassion et la souffrance.

Le visage était pris dans la lune, les lèvres, douces comme celles d'un enfant, ouvertes et haletantes. Le cœur figé, John Kaimon s'approcha de la fenêtre et glissa un œil à l'intérieur, glissa un œil au-delà du visage béat, et vit que le Christ était nu dans le combi Volkswagen et qu'il chevauchait une fille blonde et nue en s'agitant comme un fou, pendant que son regard se perdait à travers la fenêtre à rideaux vers la lune, jaune et montante au-dessus de l'océan sombre et paisible.

« Il est en train de baiser, là-dedans ! » cria John Kaimon, cavalant après Lazarus qui ne l'avait pas attendu pendant qu'il s'arrêtait pour mater par la fenêtre. « Il est en train de baiser, là-dedans ! »

Lazarus se retourna et le dévisagea comme s'il était un gosse atteint de crétinisme. « Je suis content d'avoir été assez raisonnable pour t'accompagner », dit-il en grimpant sur l'aile arrière d'une Dodge break et en se faisant frapper en pleine bouche.

14

L'homme qui avait frappé Lazarus était soûl. Il croyait que Lazarus était le type qui avait pincé le cul de sa femme quelques minutes plus tôt.

« Ça, c'est pour avoir pincé le cul de ma femme », dit-il en titubant sur place et en louchant sur Lazarus.

Lazarus s'était vautré sur le pare-chocs de la Dodge et dans les bras de John Kaimon. Il reprit ses esprits et se figea, les mains sur la bouche. Du sang coulait entre ses doigts. L'ivrogne était un énorme type poilu vêtu d'un maillot de bain qui faisait des poches aux fesses, et rien d'autre excepté des Crocs. Sa femme, une naine blonde dotée d'un front de crétine, se tenait juste derrière lui et mangeait une pomme d'amour. Elle portait un maillot une pièce dont les bretelles défaites pendaient le long de son corps sans forme. Apparemment, seul l'espoir faisait tenir ce maillot. John Kaimon craignait que Lazarus ne tuât l'homme et se tenait prêt à le retenir, quand Lazarus sauta au-dessus du pare-chocs en direction de la petite blonde qui n'avait pas levé la tête de sa pomme d'amour. Mais Lazarus voulait juste lui parler.

« Madame », dit-il doucement.

Elle leva le visage de sa pomme. Elle avait du sucre rouge sur la lèvre supérieure et sur le menton. Elle était soûle elle aussi. Lazarus allait lui parler quand une explosion secoua le ciel et fit trembler la terre. Ils s'arrêtèrent tous pour contempler les lumières multicolores et la fumée dérivant au-dessus de l'eau quand la bombe avait explosé.

L'obscurité finit par retomber. « Madame », répéta Lazarus. Il approcha son visage tout près du sien. « Est-ce que je vous ai pincé le cul ? »

Elle soupira, et l'on aurait dit qu'elle allait pleurer. « Personne ne m'a pincé le cul. Je le lui ai dit. Personne ne m'a pincé le cul. Il le sait. Mais il continue à espérer et à cogner les gens. »

La porte arrière du combi Volkswagen s'ouvrit brusquement, le grand et beau jeune homme aux longs cheveux et aux yeux morts sortit, s'étira, ouvrit largement les bras, se cambra et émit un grognement satisfait. Il était nu. L'ivrogne poussa Lazarus, frappa le gars et l'expédia dans le combi. Les mains posées sur ses larges hanches, il lui dit : « Ça, c'est pour avoir pincé le cul de ma femme. »

John Kaimon et Lazarus descendirent la colline vers Dania Beach. Il faisait maintenant complètement nuit. Les bateaux de location étaient rentrés. Il n'y avait pas la moindre lumière sur l'océan. Mais la bande de sable qui allait de Dania Pier jusqu'à l'Ocean Grill était resplendissante de lumières. À chaque extrémité, un groupe de rock jouait sur un camion à plateau. Sur deux autres de ces camions, des cow-boys de Pioneer City mettaient en scène des bagarres au revolver et aux poings en s'étranglant les uns les autres dans une mare de faux sang. La plus importante des manifestations se tenait au centre de la bande et se composait de trois camions à plateau mis côte à côte pour former une scène au bout de laquelle on avait installé un mobil-home de huit pièces qui servait de vestiaire. C'était « LE CONCOURS DE DANIA BEACH DE LA PLUS BELLE FILLE

DU MONDE », comme le proclamait une banderole tendue entre deux palmiers. La banderole était aussi immobile que la voile d'un bateau encalminé.

Une fois qu'ils eurent descendu la colline pour atteindre la foule qui grouillait sur la plage, John Kaimon et Lazarus durent vraiment poser les mains sur les gens pour se déplacer. John Kaimon avait honte au début, mais Lazarus les bousculait à droite et à gauche et personne ne semblait s'en formaliser. Alors, John Kaimon se mit à en bousculer par-ci par-là et il fut lui-même bousculé plusieurs fois. Lazarus, qui marchait en tête, le regardait par-dessus son épaule et lui assurait que c'était bien le seul moyen.

« C'est le seul moyen pour passer », criait-il.

Il semblait y avoir un nombre inhabituel d'enfants perdus dans la foule. Beaucoup d'entre eux donnaient l'impression de s'être perdus depuis le début de la journée. Ils se tenaient çà et là, dans le sable, sous les palmiers, le visage maculé de sable et de larmes, beuglant comme des veaux. De temps en temps, un parent soûl en trouvait un et le battait sévèrement pour s'être perdu. Mais généralement, il n'y avait ni violence ni bagarre, et cela à la grande surprise de John Kaimon, parce que malgré l'air chargé d'éclats de rire et de cris de joie, il ressentait quelque chose qui lui faisait penser à la guerre. Il comprit immédiatement que ce n'était pas un endroit pour se soûler, mais où l'on devait conserver tous les sens que Dieu nous avait donnés en alerte juste pour rester en vie.

« Allez, cria Lazarus. On va là où elle est.

– Où ?

– Là, dit Lazarus en désignant le grand mobil-home. Elle est là-dedans avec les autres reines. »

Un rideau pourpre drapé sur le côté du mobil-home indiquait qu'il avait été placé là par Peter Thrift's Mobile Home, par esprit civique et pour le bien du public, et pourquoi ne pas venir et ne pas larguer les amarres de ce monde maussade pour aller se balader sur les routes du pays aussi libre que le vent dans un Thrifty[1] Mobile Home ?

C'était vraiment un gros mobil-home. John Kaimon se demanda comment diable ils avaient fait pour le bouger. Mais il vit ensuite qu'il était composé d'éléments avec des charnières, et que l'on pouvait mettre les chambres à coucher sur un camion, la cuisine sur un autre et la salle de bains et ainsi de suite, jusqu'à obtenir une maison démontée prête à dévaler les routes dans une caravane de poids lourds. Pendant un instant, John Kaimon la vit à contre-jour sur l'océan sombre, cette maison démontée fonçant à cent kilomètres à l'heure sur la route nationale alors que deux camions prenaient la mauvaise direction, ce qui fit qu'au coucher du soleil la maison se retrouva à cinq cents kilomètres de ses chambres à coucher. Mais il plissa les paupières, et elle se retrouva de nouveau complète, là, sur le sable, face à tous ces gens qui chantaient, dansaient et criaient pour réclamer le début du concours.

Lazarus connaissait la femme à l'entrée.

« Tout va bien, madame Mankowitz, il est avec moi.

– Qu'est-ce qui est arrivé à ses cheveux ? »

John Kaimon voulait lui demander la même chose. Elle les avait couleur brique. Ils étaient empilés avec recherche et entortillés sur sa tête, et John Kaimon se dit qu'il faudrait au moins un vent de force six pour en bouger une mèche.

« Il les a rasés », dit Lazarus.

1. Thrifty : économique.

Elle étudia John Kaimon.

« Je crois que j'aime ça, dit-elle. Oui, j'aime bien. Il a de bons yeux pour une tête rasée. » Elle se tourna vers Lazarus.

« Vous allez faire un show, ce soir ?

– Non, dit Lazarus. Je devrais être à l'Iron Horse, mais je suis venu pour lui montrer. »

Il désigna John Kaimon d'un mouvement du pouce.

« Gaye Nell Odell est dans la dernière chambre, dit Mme Mankowitz. Tout au bout.

– Qu'est-ce qu'elle voulait dire par "Vous allez faire un show" ? demanda John Kaimon.

– Belt vend nos services pour ce genre d'événement.

– Pour un putain de concours de beauté ? On a besoin d'un garde du corps pour un concours de beauté ?

– La cerise, dit Lazarus. Le concours, c'est la cerise sur le gâteau. Ils sont toujours reliés à quelque chose d'autre. Dans le cas présent, le 4 Juillet, on danse, on boit et on fait tout ce qu'on peut imaginer. »

Toutes les filles portaient un maillot de bain noir, et étaient escortées de leur mère. Il y en avait huit, une par chambre. Les portes des chambres étaient ouvertes. Les filles se ressemblaient toutes étrangement. John Kaimon n'arrivait pas à déterminer en quoi, et ça l'ennuyait.

« Ce sont toutes des reines, dit Lazarus.

– Des reines ?

– Elles ont toutes gagné avant. Certaines d'entre elles ont quinze ou vingt couronnes à leur actif. C'est le circuit Chitlin[1]

1. Nom d'une série de petits night-clubs à travers les États-Unis qui présentaient de nombreux musiciens noirs américains.

des concours de beauté. Elles ont déjà toutes été en concurrence les unes avec les autres.

– Alors pourquoi recommencer ? Pourquoi refaire encore le même truc ?

– C'est pas les mêmes jurés. Et puis, c'est bien payé. Chacune touche de l'argent juste pour se montrer. Mais c'est encore pas la vraie raison.

– Alors pourquoi le font-elles ?

– Personne ne le sait. »

Ils avancèrent lentement le long du couloir du mobil-home. Lazarus laissa John Kaimon s'arrêter à chaque porte et mater tout son soûl. Un tas de gens en faisaient autant : les jurés, les officiels de la cérémonie du 4 Juillet, divers membres de commissions et toutes sortes de gens importants arborant de petits badges en plastique épinglés sur leurs vestes ou leurs chemises, qui prétendaient avoir le droit d'inspecter les filles. Les photographes se tiraient la bourre pour faire péter les ampoules de leur flash dans la figure des reines et les officiels se battaient pour être au plus près d'elles quand le flash explosait. Et dans chacune des chambres les mères supervisaient le tout, déterminant qui pouvait s'approcher et qui ne le pouvait pas. Elles étaient toutes magnifiquement empaquetées dans diverses robes ornées de sequins ou de perles, le corps menaçant de faire craquer les coutures aux hanches, à l'échancrure, les cuisses pleines et musclées. John Kaimon comprit tout de suite, et sans même avoir à y penser, que les mères étaient elles-mêmes d'anciennes reines de beauté.

La chambre de Gaye Nell Odell était pleine de monde. Mais pas assez pleine pour empêcher John Kaimon de voir l'énorme photo dédicacée et encadrée de Bert Parks. Il chantait à pleins poumons sur un podium surplombant une marée de visages chavirés. Le sien était béat. Ses dents lançaient des étincelles de lumière.

Gaye Nell Odell se tenait immobile au milieu de la frénésie qui régnait dans la pièce. On aurait dit qu'elle n'avait jamais bougé et qu'elle n'allait sans doute jamais le faire. John Kaimon lui lança des regards fréquents entre les costumes noirs des porteurs de badges en plastique. Elle semblait calme, pas particulièrement heureuse, mais pas malheureuse non plus. La lumière qui tombait sur sa chevelure comme le feu sur du blé en gerbes l'entourait d'une aura ondoyante.

Comme les autres filles, elle portait un maillot une pièce noir, mais il avait l'air fait d'un autre tissu. Il semblait plus fin et collait à sa peau comme s'il était humide. Il vit ses seins hauts et bien écartés. Il vit la division nette de sa chute de reins magnifiquement sculptée. Il vit le petit coussinet de poils proéminant de son mont de Vénus. Et, pour finir, comme il n'y avait plus d'endroit à regarder, il vit son ventre. Il en eut un aperçu, en fait. De tout le reste. Les hommes aux badges en plastique juste devant elle la photographiaient, et lui, qui détaillait, voyait une hanche, une fesse, un sein, une cage thoracique, un ventre, un ventre qui portait la vie, un ventre musclé et qui portait la vie... *un bébé, un bébé agressé, une vie, une vie agressée, sa propre vie agressée.*

Et avant même d'y penser, John Kaimon tendit le bras et écarta de la main le spectateur le plus proche. Ensuite, et sans attendre Lazarus, il se fraya un chemin vers l'endroit où, calme et mutique, se tenait Gaye Nell Odell.

Quand il fut à côté d'elle, il s'aperçut qu'elle portait des chaussures à talons hauts. Il en oublia momentanément ce qu'il allait dire, parce que les talons semblaient remodeler tout le haut de son corps : ses mollets étaient plus pleins et plus hauts, ses fesses prenaient un angle encore plus impossible, son dos cambré était encore plus splendide que dans son souvenir. Il se tenait près d'elle, la tête vide de toute pensée, mais pleine de l'image d'eux accouplés – pas à la manière de son viol dépourvu de passion, mais en la dominant, en la faisant respirer en même temps que lui, en la possédant.

Elle le regardait. Du moins, il pensait qu'elle le regardait. Mais dans ses yeux, il retrouvait le regard perdu de Belt. Elle portait la même coiffure cimentée que l'autre fille, et une réplique d'elle, la quarantaine, était en train d'en tortiller une mèche. Pendant que John Kaimon regardait, un cheveu solitaire avait jailli de la masse compacte tel un fil de fer, et la femme – avec difficulté – le réintégra dans la chevelure de Gaye Nell Odell. John Kaimon comprit tout de suite que c'était la mère de Gaye Nell Odell. Et pour quelque raison indéfinissable, il eut peur d'elle. Mais il écarta cette idée ; pour l'instant, il avait des choses plus importantes à penser.

« Tu ne m'as pas attendu, dit-il.

– Non, en effet.

– Tu ne m'as même pas dit où tu serais.

– Je savais que tu me trouverais si tu le voulais vraiment.

– C'est une sacrée bonne raison pour ne pas me l'avoir dit.

– Non, pas vraiment, dit-elle. Et tu aurais dû te raser la tête avant de venir. Tu ne ressembles à rien. Tes cheveux commencent à repousser.

– Ne t'occupe pas de ma tête, tu veux bien ? Ne t'en occupe surtout pas. Moi, j'en ai rien à taper. C'est toi la reine de beauté, pas moi.

– C'est exact. »

Un type saisit John Kaimon par le cou, le dégagea du milieu en brandissant un énorme appareil photo et prit un gros plan de la poitrine de Gaye Nell Odell. John Kaimon lui balança un coup de coude dans les côtes. Le type grogna et recula mais il ne sembla pas avoir eu conscience du coup.

« Pourquoi y a-t-il autant de monde ici ? demanda-t-il. Il n'y en a pas autant dans les autres chambres.

– Je suis la favorite, dit-elle.

– La favorite ?

– Tu ne sais donc rien ? Misérable ceinture blanche qui semble ne jamais rien savoir sur rien. »

Sa voix était monocorde, comme si elle s'adressait à un crétin.

« Tu ne parles pas à un crétin, dit-il. Je ne suis pas un crétin.

– Ce soir, je suis la favorite du concours. Je vais gagner. Je vais conserver ma couronne. »

Lazarus était apparu à côté de lui. Il tenait à l'écart les photographes et les autres types avec les badges en plastique.

« Il y a quelques filles magnifiques dans les autres chambres, dit John Kaimon.

– Je le sais, répondit-elle.

– Je ne compterais pas trop les battre en quoi que ce soit. »

Il percevait son odeur. Son odeur le rendait cinglé. Il pouvait aussi la toucher. Du bout des doigts, il pouvait caresser la douceur ferme de ses muscles et la peau tendue de son corps, et cette sensation remontait de ses doigts et le submergeait d'une onde de chaleur. Il avait à nouveau le goût de sa peau dans la bouche. Et sa confiance en elle le rendit à la fois faible et désespéré. Elle n'avait pas besoin de lui. Elle gagnerait même s'il n'existait pas. Elle gagnerait n'importe quoi. Et cependant, sur la ligne rouge de ce pouvoir parfait et de cette absolue confiance en soi, il y avait un petit morceau de lui. Un morceau de lui-même, menacé. Un bébé agressé.

« Je vais gagner, insista-t-elle.

– Tu ne peux pas en être sûre.

– Si, je le peux.

– C'est bon, tout le monde dehors ! »

Un homme entra en agitant les mains, éparpillant les photographes devant lui comme des poulets dans une basse-cour. « Oust ! Dehors. Tout le monde dehors ! » Il portait le même genre de coiffure cimentée et compliquée que celle des filles, mais il était svelte et plus gracieux que la plupart d'entre elles. « Dehors ! Dehors ! Dehors ! » criait-il.

« Qui c'est ? demanda John Kaimon.

– C'est le maître de cérémonie, répondit Lazarus. Il met en scène.

– Il a une dégaine à bien connaître George et Marvin, remarqua John Kaimon.

– Plus que n'importe qui ici », dit Lazarus.

Lazarus montra le chemin, et John Kaimon le suivit. Tout le monde devait sortir, sauf les mères. Même le maire et les conseillers municipaux. Leurs places étaient réservées devant celles des hommes aux badges en plastique, juste sous l'endroit où les filles allaient marcher. Les hommes se dirigèrent vers leurs places, s'assirent sur des bancs et se mirent à scruter la scène formée par les camions à plateau comme si les filles étaient déjà là, à défiler dans leurs corps fermes et charnus.

« Allons-y, dit Lazarus. Je n'ai aucune envie de rester là à les regarder regarder la scène.

– Mais on va louper le spectacle.

– Ça ne va pas commencer tout de suite. Ils ne commenceront pas avant que la foule soit vraiment en place. »

D'autres gens arrivaient. La foule était plus dense mais elle bougeait plus vite. Dans une sorte d'élan frénétique aveugle, hommes et femmes tourbillonnaient en face des feux d'artifice, entre les deux groupes de rock et l'Ocean Grill où dix-huit vendeurs en casquette blanche vendaient de la bière des deux mains et où quelques politiciens en quête de réélection avaient monté un stand pour distribuer des pin's, fanions et dépliants portant leurs noms. John Kaimon et Lazarus s'arrêtèrent sur le bord d'un large espace, devant un des groupes de rock. Des ados y dansaient avec une concentration farouche. Ils ne dansaient pas ensemble, mais seuls, chacun dans son propre et impénétrable isolement. Ils tournaient et s'agenouillaient. Le sable volait à leurs pieds. Ils contemplaient leur corps, le regard dur sur leurs mains qui s'agitaient devant leur visage, sur leurs pieds, sur leurs genoux et sur leur nombril – penchés en avant, ondulants, les yeux fixés sur leur ventre.

« J'ai donné là-dedans, autrefois », dit John Kaimon en se penchant pour parler à l'oreille de Lazarus. Il désigna les danseurs. « La danse. J'ai dansé à San Francisco et dans le New Jersey. Mais ça ne sert à rien. Il suffit de les voir pour dire que ça ne sert à rien. » Le regard grave des danseurs passait au travers des autres, au travers de l'océan et du paysage environnant pour aller se perdre dans une vision personnelle des choses.

« Ça sert à certains », fit Lazarus. À son tour, il cria dans l'oreille de John Kaimon. « On ne peut pas savoir ce qui convient à un homme. »

John Kaimon n'entendit pas, et il était sur le point de le faire répéter quand ils furent tous deux saisis de part et d'autre et forcés à se mettre en ligne. Obéissant à un signal vibrant de l'orchestre, tous les danseurs s'étaient soudain regroupés en deux lignes qui se faisaient face.

Maintenant, ils ne faisaient plus qu'un. Ils sautaient, serpentaient et traînaient des pieds au même rythme. Deux filles tenaient John Kaimon. Unis comme ils l'étaient, aucun changement de pas n'était possible. C'était tribal. Il sautait quand elles sautaient. Il traînait les pieds quand elles traînaient les pieds. Lazarus avait disparu dans l'autre ligne, et John Kaimon se demanda s'il allait donner ou non un coup de pied sauté aux filles pour tenter de se dégager. Mais il décida de ne pas le faire. Il régnait à présent l'atmosphère de guerre qu'il avait ressentie plus tôt, maintenant si réelle qu'il sentait le sang monter à sa tête. Il avait une envie de violence. Se battre, tuer, peut-être. Et il savait que les autres ressentaient la même chose que lui. Il continua de danser.

Maintenant, juste en face de lui, dans la ligne opposée, dansaient deux cow-boys. Ils arrivaient de Pioneer City, le parc d'attractions où se déroulaient des bagarres burlesques. De lourds revolvers leur battaient les hanches. Ils avaient le visage barbouillé de faux sang. L'un d'entre eux avait la langue entre les dents. Elle était bleue. On aurait dit qu'il cherchait à l'avaler chaque fois qu'il reprenait son souffle.

Comme ils allaient de plus en plus vite, John Kaimon voyait par intermittence, chaque fois que son visage se tournait dans cette direction, les hommes en costumes noirs assis à l'écart, assemblés devant la scène vide, le regard dans le vague. Les danseurs tournaient de plus en plus vite. Le groupe d'hommes assis devant la scène passait encore et encore sous les yeux écarquillés de John Kaimon, comme s'ils étaient coincés dans un interminable manège fou, et que lui, John Kaimon, restait immobile. À présent, les huit mères s'étaient jointes à eux sur le manège. Les huit femmes, en robes à sequins ou à perles, étaient assises en un nœud serré, en contrepoint aux hommes en costumes noirs, leur regard collectif fixé sur la scène vide.

Maintenant, la scène n'était plus vide, mais nimbée d'une lumière diffuse au milieu de laquelle se tenait la silhouette gracieuse et virevoltante de l'homme à la coiffure cimentée. Il semblait danser, mais John Kaimon, ivre d'avoir trop tourné et maintenant étrangement détaché, se dit qu'il pouvait tout aussi bien marcher, ce qui, pour un maître de cérémonie, était la même chose. Danser et marcher. Les rangées de danseurs, verrouillées et synchronisées avec la musique, sautaient et pilonnaient le sable tassé.

Un des cow-boys, dont la langue bleue avait fini par disparaître comme s'il avait enfin réussi à la mastiquer et à l'avaler, tomba sur John Kaimon et s'appuya sur lui. John Kaimon lui fit lâcher prise, mais pas avant que le cow-boy ne fût couvert de sang. John Kaimon n'était plus très sûr que ce fût du faux sang. C'était gluant. Ça empestait la plaie ouverte.

Alors, perçant la nuit, perçant le rythme percutant de la batterie, perçant les cris et les éclats de rire de la foule, jaillit un long rugissement sifflant comme le lancement d'une roquette. La musique s'arrêta. La danse ralentit, mais piétina, comme une pâle imitation d'elle-même. Alors, un éclair de lumière plus brillant que le soleil fendit le ciel au-dessus du noir horizon de l'océan. Et, sous les yeux éblouis et abasourdis des danseurs, du cow-boy sanguinolent, des mères scintillantes et des types à badges officiels en plastique, le drapeau américain surgit en plein ciel. Il avait l'air haut de dix étages et large de trois cents kilomètres.

15

Le drapeau parut assommer la foule. Le silence tomba sur la plage. Mais il fut de courte durée. Elle se remit ensuite à rugir d'une seule voix, un long rugissement de joie et de colère.

Lazarus le saisit par le bras.

« C'est le moment.

– Pour faire quoi ? » répondit John Kaimon, les yeux toujours fixés sur le ciel où le drapeau flottait au milieu de mille explosions de lumière.

Pour toute réponse, Lazarus se tourna vers lui et tendit le doigt. Sur la scène, le type tenait maintenant un micro. Les deux groupes de rock l'avaient rejoint, chacun à un bout. La foule avait déjà porté son regard sur le gars au microphone. L'espace en face de la scène se remplissait. Hommes, femmes et enfants s'agglutinaient sur le sable tout en jetant des coups d'œil furtifs et anxieux sur le drapeau, là où il finissait maintenant de mourir au-dessus de l'océan calme et sombre.

« Qu'est-ce que tu as sur toi ? » demanda Lazarus.

John Kaimon désigna le cow-boy qui gisait toujours sur le sable, là où il était tombé. Il avait été plusieurs fois piétiné.

« C'est du vrai sang ? demanda Lazarus.

– J'en sais rien », dit John Kaimon.

De la main, il en préleva un peu sur sa poitrine, mais, délibérément, ne leva pas son doigt gluant jusqu'à ses yeux.

Ils avançaient maintenant tous vers l'endroit où le spectacle devait avoir lieu. Seuls les gens importants disposaient de sièges : les mères d'un côté de la scène et les hommes de l'autre. Dans la lumière diffuse, ils faisaient flasher leurs perles de verre et leurs badges comme des sémaphores. Une fois devant l'estrade, John Kaimon et Lazarus ne purent rester immobiles. C'était impossible. Ils piétinaient. Ils marchaient et ils titubaient, ils étaient poussés et bousculés par la foule, qui, elle-même, marchait et titubait.

Et ce fut pendant que leurs mouvements étaient ainsi sous le contrôle de la foule que John Kaimon aperçut un îlot immobile de karatékas. Ils étaient quatre. Belt était l'un d'eux. Ils étaient assis sur une bordure de trottoir, à l'écart de la foule. Ils étaient si immobiles qu'ils avaient l'air d'avoir été sculptés dans le bois. C'était la première fois que John Kaimon voyait Belt sans son kimono. Il portait une chemise blanche boutonnée jusqu'au cou, mais sans cravate, et un costume sombre. Son visage était impassible. Il ne regardait pas les gens. Pas plus que les trois ceintures qui l'accompagnaient.

« C'est un gros client, dit Lazarus, quand John Kaimon le lui désigna. Belt est venu en personne. L'organisateur a dû casquer cher pour ce show.

– Je ne t'ai jamais posé la question, Lazarus, dit John Kaimon, mais je me la suis beaucoup posée. Est-ce que vous gardez l'argent que vous vous faites comme videurs, gardes du corps ou autres choses du même genre ? Est-ce que vous le gardez intégralement pour verser une espèce de loyer à Belt ?

– Je crois qu'on pourrait le garder, mais personne ne le fait. Nous donnons tout à Belt. Si on a besoin de quelque chose, Belt nous le donne. Belt a un projet. Mais il a besoin d'argent.

– Quelle sorte de projet ?

– Il veut acheter le sommet d'une montagne de l'Arkansas. »

Pendant qu'ils parlaient, ils surveillaient le petit îlot de Belt et des trois autres karatékas. Ils n'avaient pas bougé. Dans ce paysage en proie au chaos, ils étaient la seule chose immobile.

« Qu'est-ce qu'il veut faire d'un sommet de montagne ?

– Il veut vivre dessus. »

Les orchestres à chaque bout de la scène firent exploser leur musique. John Kaimon se rendit compte qu'ils jouaient deux morceaux différents, mais personne ne s'en apercevait ou n'en avait cure. L'homme à la coiffure cimentée avait commencé à caresser son micro. Il le tapotait. Il soufflait dedans. La foule rugit et quelqu'un lui hurla d'amener la viande.

« La viande ! La viande ! La viande ! » scandait un groupe de jeunes hommes en maillots de football américain rouges. Ils avaient tous les cheveux en brosse, le cou épais, un large sourire sur une bouille innocente, et ils réclamaient tous de la viande.

Un bruit épouvantable comme celui de deux trains de marchandises entrant en collision dévala de la colline. John Kaimon leva les yeux et vit une pluie d'étincelles juste au milieu de l'endroit où les voitures étaient garées. Le bruit continuait à cogner, claquer et dévaler de la colline.

« C'est juste un ivrogne, dit Lazarus quand il vit John Kaimon lancer un regard inquiet vers la colline. Pas de quoi s'inquiéter. C'est juste un ivrogne qui a retrouvé sa voiture entourée par les autres voitures. Il est cerné, et il n'arrive pas à piger ce qui ne va pas. »

Deux cents mètres à gauche, les phares d'une voiture s'allumèrent, et le bruit doubla de volume.

« En voilà un autre », dit Lazarus.

Les yeux perdus dans l'océan, Belt n'avait pas bougé.

« Ne devrait-il pas faire quelque chose ? » demanda John Kaimon. Il y avait maintenant cinq foyers de violence, cinq voitures cognant à l'aveugle autour de la colline, cherchant une sortie.

« Oh, non. C'est toléré. Belt est ici pour protéger deux ou trois choses spécifiques. Le mobil-home, l'Ocean Grill, les instruments des musiciens, des choses comme ça. Le reste est une cible légitime pour qui la veut. Ils peuvent arracher les palmiers et les manger, s'ils veulent. » La voix de Lazarus était totalement détachée. « Et, bien sûr, ils peuvent se manger entre eux. »

Personne ne semblait faire attention aux ivrognes sur la colline. Légèrement penchés en avant, ils scrutaient la scène avec intensité. L'homme à la coiffure en ciment souriait furieusement et léchait son micro.

« J'ai les filles ! cria-t-il.

– Ouaaaaaaaaaais ! répondit la foule.

– Les filles que vous voulez !

– Ouaaaaaaaaaais ! »

Sur un signal venu d'on ne sait où, les musiciens s'arrêtèrent de jouer. Les hommes aux badges en plastique, qui semblaient être les juges, sortirent leurs stylos à bille et se mirent à écrire sur leurs calepins.

La porte d'entrée du mobil-home s'ouvrit. Une fille apparut. En maillot de bain une pièce. Souriante. Elle arpenta la scène et, simultanément, sembla de nouveau apparaître sur le seuil de la porte, derrière elle. C'était comme un truc de cinéma dans lequel la même fille ne cessait de sortir par la même porte jusqu'à ce que, finalement, il y ait huit images d'elle, en miroir, se pavanant en marche croisée vers les jurés, le stylo prêt à frapper.

La dernière des filles fut Gaye Nell Odell. John Kaimon sentit son regard se poser sur elle. Elle avait quelque chose qui le tenait. Il le percevait également dans les hommes qui l'entouraient. Sans regarder, il savait que c'était elle qui captait toute l'attention du public. C'était au-delà de la grâce de ses mouvements ; au-delà du corps splendide qui ondulait sous le mince tissu du maillot.

Mais qu'est-ce que ça pouvait bien être ? Il aurait dû le savoir, mais il était incapable de mettre un mot dessus. Il sut soudain de manière irrévocable qu'elle avait eu raison : elle allait vraiment gagner le concours. Les sept autres filles n'avaient pas la moindre chance.

Les filles défilaient. La foule, maintenant totalement silencieuse, regardait. La lumière luisait sur leur chair laiteuse. Leur chevelure brillante leur était comme des couronnes. Leurs dents étincelaient et clignotaient comme illuminées de l'intérieur. Les filles tournaient, leurs cuisses palpitaient, et elles rejoignaient l'autre côté de la scène.

Puis, l'homme au micro, d'un geste de sa main languissante, leur ordonna de s'arrêter et débuta les présentations. On les appela par leur nom et leurs titres. À chaque nom, une fille faisait un pas en avant et retenait son souffle en écoutant de la bouche du maître de cérémonie la liste de ses victoires comme si c'était l'ascendance d'un membre de la famille royale.

« ... Reine de la république de Conch[1] des Keys de Floride, Miss Jell-O, Miss Jus d'orange, reine des Produits en caoutchouc... »

Mais même pendant que la foule écoutait et applaudissait, John Kaimon se rendait compte que tous les regards des hommes

1. La république de Conch (en anglais Conch Republic, république des Conques) est une micro-nation fantaisiste constituée dans l'extrême sud de la Floride, aux États-Unis.

aussi bien que ceux des femmes étaient toujours rivés sur Gaye Nell Odell. Et, enfin, ce fut son tour. « Miss Gaye Nell Odell... » Elle s'avança et John Kaimon sut.

Il sut !

Elle avait rehaussé les deux premières jointures de chacune de ses mains d'une touche infime de quelque chose de légèrement bleu et phosphorescent. Elles rayonnaient. Et c'était sur cette illumination enflée et déformée que l'attention de tout le monde était maintenant concentrée.

John Kaimon se dit : « Ils savent qui elle est. C'est une ceinture marron de karaté, et ils savent qu'elle a des béquilles, des coups et des plâtres entre les mains.

Le type au micro psalmodiait ses couronnes. La foule soupirait. Elle applaudissait. Au milieu de ses titres, Gaye Nell Odell – comme les autres filles l'avaient fait – vint se pavaner sur le devant de la scène. Les mâchoires de sa croupe sculpturale fléchirent et se mirent à mastiquer. Ses cuisses délicatement invincibles montèrent et descendirent. La foule grognait et hurlait de plaisir. John Kaimon savait ce que c'était.

C'était de la chatte et de la violence. C'était une inimaginable partie de baise dans le même maillot de bain noir avec mutilation et mort certaine. Et la foule ne pouvait pas le supporter.

« Ils ne vont pas pouvoir le supporter, cria John Kaimon. Ils vont tout mettre en pièces.

– Non, cria Lazarus en retour, mais elle va gagner.

– Ne gagne-t-elle pas toujours ? »

Mais elle ne gagna pas. Ils n'eurent même pas la moindre chance de compter les votes des jurés. Quelqu'un entendit un bruit et regarda en l'air. Un avion tournait au-dessus de leurs têtes. Personne ne l'avait vu venir, mais il était là. Et il avait des ennuis. Le moteur toussait et crachait des flammes bleues. C'était un petit monomoteur, qui ne ressemblait pas du tout à un avion, mais à quelque chose de fragile et de blessé qui tournait en rond si bas que l'on pouvait voir les entretoises des ailes comme les os obstinés d'un oiseau délicat. La foule tourna son regard unique et passionné vers l'appareil en détresse. Le pilote avait l'air d'essayer de prendre assez d'altitude pour planer au-dessus de la foule vers l'intérieur des terres. Mais chaque fois qu'il levait le nez, des flammes bleues jaillissaient, le moteur renonçait, et il était obligé de voler en rond et de recommencer.

Alors, John Kaimon entendit un *flap flap flap* et, flottant vers la plage au-dessus d'eux, apparut un hélicoptère des gardes-côtes, ses phares de recherche tournoyant et palpitant dans le noir. Il effectua un passage directement au-dessus, et les coiffures des reines de beauté, parfaitement tenues par le ciment, basculèrent toutes sur le côté à un angle de quarante-cinq degrés. Mais personne n'en avait plus rien à faire. Le petit avion n'avait aucune chance. Et il y avait un homme à l'intérieur. Il allait se crasher. Il allait mourir.

Même les types dans l'hélicoptère semblaient le savoir. Ils s'étaient amassés sur un côté, arrêtés, planant dans les airs, et observaient. Au loin, deux énormes vedettes des gardes-côtes fendaient l'océan en rugissant. L'avion, juste au-dessus des têtes, le nez en l'air, luttant dans l'air lourd éclairé par la lune, se tut soudain. Il parut suspendu là pendant un bon moment, toutes lumières éteintes, son crachotement bleu éteint également, avant que le pilote ne le dirigeât loin de la foule.

Il fonça droit dans l'océan, à une trentaine de mètres au large, et fit jaillir à sa surface un rideau de flammes et d'eau. La foule rugit en contrepoint de l'explosion de l'avion et courut tête baissée vers l'océan à nouveau dans l'obscurité. Ils passèrent par-dessus les mères assises sur leurs bancs au bout de l'estrade. Plusieurs enfants perdus furent renversés et piétinés. Lazarus arracha un gamin du sable et le serra contre lui. Les musiciens abandonnèrent batteries et guitares électriques pour quitter la scène. Le cow-boy ensanglanté, toujours harnaché de son gros revolver, se rua sur la plage. Quelqu'un dut trébucher sur un câble électrique, à moins que dans l'excitation on eût coupé le courant, car la scène et la plage autour d'elle furent plongées dans l'obscurité.

Les vedettes des gardes-côtes étaient arrivées. Elles grondaient sur le bord de la plage en faisant jouer à la surface de l'eau leurs minces faisceaux de lumière blanche. Les projecteurs éclairaient des centaines de personnes – certaines entièrement vêtues – pataugeant dans l'eau en direction de l'avion. L'hélico avait atterri, et ses occupants essayaient d'évacuer les gens de l'eau. Ils hurlaient que l'avion pouvait exploser et que tout le monde devait reculer et laisser les représentants des gardes-côtes des États-Unis, dûment appointés et entraînés, faire leur devoir. De nombreuses voix désincarnées leur recommandaient d'aller se faire foutre, et les gens continuaient à patouiller sur le rivage sans ride de l'océan vers l'endroit où l'extrémité de la queue de l'avion s'enfonçait dans les eaux.

John Kaimon se retrouva seul. Loin sur sa gauche, un vieil homme en chaise roulante criait et encourageait d'un geste son fils qui, apparemment, nageait vers l'avion. John Kaimon évita soigneusement de regarder la scène, du moins directement. Mais il put apercevoir ses pieds. Ses magnifiques pieds dispensateurs de mort. Il savait qu'elle était là. Qu'elle le regardait. Il pouvait l'affirmer grâce à l'orientation de ses orteils. Il fit semblant de chercher Lazarus. Mais ça ne servait pas à grand-chose de faire semblant. La seule personne qui restait près du vieil homme était un garçon infirme dans son déambulateur en aluminium. Le garçon, sur ses jambes ratatinées, avançait centimètre par centimètre sur le sable en direction de l'eau. John Kaimon se tourna et regarda Gaye Nell Odell.

Elle était seule sur scène. Ils se dévisagèrent dans la clarté de la lune. Derrière eux, on entendait des bruits de guerre. Les vedettes avaient actionné leur sirène. Les hommes dans l'hélico tiraient des fusées de détresse au-dessus de l'eau. Des cris d'agonie et de plaisir résonnaient dans l'air nocturne.

« J'aurais gagné, dit-elle. Tu l'as vu de tes yeux.

– Oui, admit-il en regardant son ventre, pensant à lui-même.

– Monte », dit-elle.

Il la rejoignit sur la scène. Il était très nerveux. Son ventre était plat, et même à travers le tissu de son maillot il voyait ses muscles bandés onduler et s'étirer quand son corps se déplaçait. Il n'arrivait pas à chasser de son esprit cette image de lui, gros comme une pièce de dix cents, s'accrochant à la vie sur la paroi humide et dangereuse de son ventre. Et quelle chance avait-il contre une musculature aussi puissante.

« Si ce satané avion ne s'était pas crashé, tu aurais gagné », dit-il. Il retint son souffle et le laissa lentement sortir. « Même enceinte, tu aurais gagné. » Elle se contenta de lui rendre son regard, les yeux brillants. « Ça aurait été quelque chose. » Les mots sortaient de sa bouche comme des blocs de bois hachés, aux bords aiguisés. « Remporter un concours de beauté alors que tu es enceinte. Waouh ! » Sa voix lui semblait horrible, comme celle d'un gosse ânonnant à l'école.

« Plus d'une femme enceinte a déjà remporté un concours de beauté, dit-elle.

– Alors… alors, tu es bien enceinte ?

– Oui, je suis enceinte. »

Elle jeta un coup d'œil circulaire. Il n'avait jamais vu ses yeux comme il les voyait ce soir. « Tu veux entrer ? »

L'espace d'un instant fou, il crut qu'elle l'invitait à l'intérieur d'elle-même. Puis il comprit qu'elle voulait parler du mobil-home.

« On pourrait entrer, dit-elle. C'est fini pour ce soir. Sauf pour ce qui se passe là-bas. »

Elle se tourna et pénétra dans le mobil-home. Les lumières y étaient toujours allumées. Il la suivit dans le long couloir. Elle s'assit sur le lit et le regarda, les yeux plus brillants que jamais. Il en avait le souffle coupé. Il n'entendait plus la foule se déchaîner dans l'eau. Le rugissement de son sang l'avait couverte. En marchant le long du couloir, il avait admiré la superbe ondulation de son postérieur, et de chaque côté, les jointures merveilleusement déformées de ses mains se balancer dans son champ de vision. D'abord la gauche, puis la droite, et puis la gauche encore, se balançant de part et d'autre de cet endroit courbe, renversant, où son regard était fixé comme s'il contemplait le visage de Dieu.

« Je… Je… » Il essayait de parler, mais ça coinçait.

« Cette maison ne va pas rester là longtemps, ronronna-t-elle d'une voix douce. Peter Thrift ne fait aucune confiance à la foule quand ça tourne comme ça. Ils vont démonter la maison et la tirer d'ici. »

Mais il ne l'écoutait pas. Il avait tout oublié, à l'exception de son impossible corps courbangulaire doux et dur, ce créateur de vie et dealer de mort qui l'attirait comme la lune attire l'eau. À l'instant même où il tombait sur elle, la lumière s'éteignit, et la maison trembla comme si elle était démantibulée sous les coups de marteau des hommes de Peter Thrift.

John Kaimon ne chercha même pas à la débarrasser de son maillot de bain. Il força son chemin à travers, arrachant, déchirant et poussant. Il s'arc-bouta contre les montants du lit et la pilota comme un camion. Ils se dévisageaient dans la clarté de la lune. Son corps athlétique, qu'elle contrôlait habilement, bougeait et lui rendait coup pour coup. Elle l'agrippait avec ses jambes et lui murmurait sauvagement en couvrant le rugissement de son sang : « Enfonce-le bien ! Plus profond ! Mets-le plus profond ! Mets-le ! Fais-le sortir de là ! »

Mais John Kaimon ne l'entendait qu'à moitié, et se fichait pas mal de ce qu'il entendait. Il possédait la chose qu'elle était. Les mains cramponnées solidement sur ses jointures enflées, il lui clouait les poings sur les côtés. Sa voix rugissait à l'unisson de son sang à lui, à l'unisson de la foule submergée qui pataugeait dans la mer. Ses mots brutaux frappaient ses oreilles comme des poings. Mais ça n'avait aucune importance. Rien n'avait d'importance. Il était au sommet.

Et il chevauchait son corps, plongeant vers un cumulonimbus noir qui se levait derrière ses yeux serrés, encore et encore, jusqu'à ce que le nuage explose et qu'il devienne mou, humide, épuisé, et que le tonnerre ne soit plus le tonnerre, mais le dernier coup de marteau démolissant la maison de l'extérieur. Pendant qu'ils reposaient dans le lit nimbé par la lune, il y eut une prodigieuse secousse et la pièce trembla, bougea.

Ses yeux s'étrécirent. Il était mou et terrifié.

« Tout va bien, dit-elle. C'est juste le camion. »

Il se précipita à la fenêtre, ouvrit le rideau, et regarda. La chambre était accrochée derrière un énorme camion diesel. Il grogna, fit demi-tour et s'effondra sur le lit.

« J'ai fait mon premier concours de beauté avant de naître, dit-elle. J'ai envie de te le raconter. »

Mais un cri soudain des nageurs du 4 Juillet, un cri différent de tous ceux qui l'avaient précédé, les força à s'asseoir sur le lit et à regarder par la fenêtre du fond, celle qui donnait sur l'océan.

Une petite poignée de gens sortaient en courant de l'Atlantique en faisant jaillir de leurs pieds des éclats d'eau au clair de lune. Ils brandissaient un homme au-dessus de leurs têtes. Il pendait mollement entre leurs mains.

C'était le pilote. Mort.

16

Il était exactement comme eux. Il savait maintenant que c'était la certitude d'être différent des autres qui l'avait conduit hors du Mississippi, loin de sa tante et de ses commentaires sur les tragédies des présidents, loin de la mort ridicule de sa mère sous les roues d'un camion plein de poulets piaillant, et à la fin des fins, de son père fou. C'était pour ça qu'il s'était mis Faulkner sur le dos et qu'il le portait comme un talisman. Faulkner n'était pas comme les autres. Ou l'était-il ? Mon Dieu, quelle ultime ironie s'il l'était. Est-ce que Faulkner l'aurait baisée ?

Lui l'avait fait avant de s'en rendre compte. Il ne s'était rendu compte de rien jusqu'à ce qu'ils soient dans la chambre derrière le camion, à regarder la route se dérouler sous eux comme le fil d'une bobine. Ils étaient sur l'Interstate 95, cap au sud, vers Miami. Ils roulaient à cent dix kilomètres à l'heure. John Kaimon avait envie d'aller aux toilettes. Mais il apercevait les toilettes par la fenêtre, à une bonne soixantaine de mètres, derrière un autre camion. La cuisine était passée à une vitesse franchement déraisonnable, environ dix minutes plus tôt, et on ne l'avait plus revue depuis. Peter Thrift avait prévu une sortie de secours. C'était un secret connu de lui seul. Il n'avait pas confiance en ses maisons démontables et extrêmement mobiles dans le chaos de la foule.

Et ce ne fut qu'après avoir foncé sur l'I 95 qu'il commença à se rendre compte de ce qu'elle avait dit, et de ce qu'il avait fait. Elle était allongée sur le dos, la forêt sauvage des néons ruisselait par la fenêtre, si bien que son ventre plat – incroyablement plat – était peint de toutes les couleurs de l'arc-en-ciel. Et ce ne fut qu'à ce moment qu'il entendit sa voix : « *Enfonce-le bien ! Plus profond ! Mets-le plus profond ! Mets-le ! Fais-le sortir de là !* »

Et que Dieu lui vienne en aide, il n'avait pas compris jusque-là – jusqu'à ce que la maison soit enlevée et ramenée à toutes pompes vers l'endroit où elle avait été fabriquée –, qu'elle voulait dire *Fais sortir le bébé de moi*. Elle ne l'avait fait entrer de nouveau en elle que pour l'en faire sortir d'elle-même.

En regardant son ventre plat sous l'arc-en-ciel artificiel des néons, il avait envie de hurler, peut-être même de l'attaquer, quand il vit en un éclair ce que *lui* avait fait. Il avait violé aveuglément la chose qui avait rendu le public fou.

Il ne faisait qu'un avec tout ça. Il s'était battu avec la foule pour voir le corps brisé du pilote se noyer. Il s'était penché pour voir le Christ dans un combi Volkswagen. Il était lui-même un faux cow-boy étranglant un autre faux cow-boy couvert de faux sang.

John Kaimon avait lentement levé les yeux de son ventre iridescent vers son visage. Elle le regardait. Non pas au-delà de lui ou par-dessus lui, mais directement, et il vit dans ses yeux qu'elle avait toujours su ce qu'il n'avait découvert que cette nuit. Elle bougeait les lèvres. Comme si elle suivait silencieusement une pensée. Il la sentit sur le point de lui dire un secret, quelque chose au centre des choses. Il se pencha pour écouter.

« J'ai participé à mon premier concours de beauté avant ma naissance », dit-elle.

John Kaimon cilla.

« Ma mère a participé au plus grand, à celui dont nous, les reines de beauté, rêvons toutes, alors qu'elle était enceinte. Elle avait gagné tous les concours préliminaires – tu ne le sais sans doute pas, mais ça prend beaucoup de temps –, et elle était prête pour le grand show. C'était cinq mois avant. Et il l'a eue. Il l'a eue avec moi. C'était son attaché de presse, et il le lui a mis malgré lui. Et elle l'a reçu de la même façon, malgré elle. C'était de l'amour. Il n'y avait aucun doute là-dessus : c'était de l'amour. Je veux dire qu'il bousillait son rêve de gagner un client qui avait un contrat pour vendre du dentifrice et des réfrigérateurs à la télé, et qu'elle bousillait son rêve de descendre ce grand podium avec *lui* en chantant et en souriant pendant que la foule devenait hystérique en voyant son fichu corps, le plus beau du monde. »

Gaye Nell Odell se tourna vers la fenêtre, et quand son regard revint vers lui, ses yeux étaient pleins des lumières dansantes des néons.

« Elle l'a fait, elle aussi. Elle a participé au concours. Et moi avec. Elle m'avait attachée et m'avait remontée sous ses côtes. Son attaché de presse l'avait aidée. Elle disait que ça ne lui faisait pas mal. Que c'était comme avoir une indigestion. »

John Kaimon surveillait les toilettes, qui venaient de les doubler. Sa vessie le tuait.

« Mais elle n'a pas gagné. Une chose stupide est arrivée. Personne n'a jamais su ce que c'était. L'attaché de presse n'a pas cherché à savoir. Leur amour n'y a pas survécu. Il a quitté la ville à la nuit tombée. Et elle pleurait trop fort pour en être sûre elle-même. La bande avait ripé. À moins qu'elle ne se soit relâchée. Qui sait ? En tout cas, elle était au bout du podium quand c'est arrivé. Dans un maillot de bain de compétition. Un une pièce noir comme celui que je portais ce soir. Et elle a été surprise là, au bout du podium, dans les feux blancs des projecteurs, devant sept cents spectateurs avides. Bon, on ne sait pas comment les gens qui regardaient la télé l'ont pris, mais, à Atlantic City, on a échappé de peu à l'émeute. Mavis, prise dans les lumières à l'autre bout du podium, a couvert cinq mois en cinq secondes. Elle était enceinte. Elle était à six semaines, et ça se voyait. Elle était à trois mois, et ça grossissait. À l'autre bout du podium, *il* avait arrêté de chanter. On dit même qu'il aurait vomi sur place. Les femmes s'évanouissaient au premier rang. Quand elle a passé quatre mois, la NBC a passé de la pub à la place. Mais la mèche avait été vendue, même pour la famille. Les gens dans l'auditorium voulaient la lapider, mais ils n'avaient pas de pierres. Ils ne pouvaient pas supporter une chose pareille. Les bébés et les concours de beauté étaient deux choses complètement opposées. »

Elle s'assit et se déplaça au pied du lit pour être à côté de lui. Ils contemplaient l'I 95 défiler. Ils la contemplèrent longtemps.

« Il faut admettre que cette chambre roule bien », finit-elle par dire.

Il approuva d'un air désespéré. « J'aime bien… J'aime bien… » Il s'étouffa et reprit : « J'aime bien aussi la façon dont ils l'ont meublée. » Il désigna l'épaisse moquette, la commode fixée au mur et la porte latérale qui ne s'ouvrait pas, qui n'était même pas une porte.

Elle se recoucha sur le dos et le regarda. Ses boucles blondes sortaient de son maillot là où il l'avait déchiré.

« Tu veux qu'on le fasse encore ? demanda-t-elle. Tu as le temps. Ça prend un bon moment pour aller chez Thrift.

– Eh bien », dit-il.

Sa vessie avait atteint son point de rupture, et il allait en mourir. « Eh bien, je suis vanné. Mais sinon, ça ne serait pas de refus. »

Ses yeux flamboyèrent dans la lumière. Elle ne dit rien et ils couvrirent le reste du trajet vers le Peter Thrift's World of Mobile Home, un terrain d'une centaine de mètres carrés plein de maisons à roulettes. Deux rangées de palmiers menaient à l'entrée. Chacun des arbres supportait une lampe et deux tuteurs pour le tenir.

John Kaimon tenta une petite plaisanterie :

« Je me méfie des endroits où tous les arbres portent une lampe et un bâton pour les tenir.

– Non seulement ce n'est pas drôle, dit-elle, mais ce n'est même pas intéressant. »

Il était évident qu'elle avait viré à l'aigre à cause de son refus de l'honorer une seconde fois. « Je te l'ai dit, dit-il. Je l'aurais fait si j'avais pu. » Il inspira profondément. « Plus tard. N'oublie pas que je peux toujours t'en remettre un coup plus tard. »

Et il le voulait aussi, se disait-il. Rien ne pourrait l'empêcher de le faire. Rien. Il ne se déroberait plus. Pendant qu'elle lui racontait l'histoire affreuse de sa mise au monde, un poids de plus en plus lourd lui pesait sur la poitrine, comme des rochers qu'on empilerait l'un après l'autre sur son cœur jusqu'à ce qu'il ne puisse plus respirer.

Puis, quelque part dans les recoins de sa mémoire, il entendit les paroles de Belt venir en contrepoint des siennes : « Je me suis retiré de tout le reste, j'ai dit adieu à tout ça. Le seul pays que je défendrai jamais, c'est le cercle d'un mètre qui m'entoure où que je sois. »

Et le poids s'allégea. À ce moment, il sut qu'il ne faisait qu'un avec l'attaché de presse qui avait engrossé sa mère, avec les dames qui s'étaient évanouies au premier rang, et oui, il l'aurait lapidée – celle qui était lui – et, pour finir, il aurait vomi à la vue de la vierge enceinte sur le point d'accoucher. Il soupira et fut heureux que son fardeau ait disparu.

Si c'était ça, c'était ça.

Les freins sifflèrent et la chambre à coucher s'arrêta. Sans attendre qu'elle se fût complètement arrêtée, les ouvriers la remontaient déjà. John Kaimon n'avait pas la moindre idée de ce qu'ils allaient faire, ni de comment au nom de Dieu ils allaient quitter cet endroit pour retourner là où ils devaient être. Il se tenait à la fenêtre et regardait la route en contrebas bordée de palmiers étayés et illuminés, mais il voyait à la place l'océan sombre et le pilote mort, soulevé à bout de bras. Gaye Nell Odell était derrière lui. Il l'entendait s'affairer sur son maillot, essayer de rentrer dedans, de le rendre portable. Il se retourna pour l'examiner. Elle avait étiré le tissu et l'avait noué entre ses jambes. C'était affreux.

« Comment va-t-on faire pour rentrer, bon Dieu ? » demanda-t-il.

Elle eut l'air étonnée.

« Juste y aller, bien sûr.

– Juste y aller, juste y aller, dit-il en imitant sa voix. Sois précise, nom de Dieu !

– En courant. C'est assez précis ? »

Il grogna, s'enfonça dans le lit et se couvrit le visage de ses mains.

« C'est seulement à une quinzaine de kilomètres, reprit-elle. Une vingtaine à tout casser. On va faire ça au petit trot. Ça va aller.

– Tu veux que je coure sur une route nationale au milieu de la nuit, avec toi, la touffe à l'air dans un maillot déchiré ? »

Il avait dit ça sans même sortir la tête de ses mains.

« Relax, répondit-elle. On ne fera pas tourner une seule tête.

– Vraiment ? Tu crois ça ?

– Je le sais.

– Il y a des endroits dans ce pays, dit-il en se souvenant d'une petite ville à côté de San Francisco – Redwood City –, dont le seul titre de gloire municipale est qu'il n'y a jamais neigé. »

Mais John Kaimon savait bien que s'il n'y avait jamais neigé, il vous arrivait des tas d'autres choses à Redwood City.

« Il y a des endroits dans ce pays où on vous accroche à un arbre, pour ça.

– Il y a des endroits dans ce pays où on vous accroche à un arbre pour *n'importe quoi* », dit-elle.

Elle lui servit le sourire énigmatique qu'il avait déjà vu avant. « Tu dois juste connaître le quartier dans lequel tu te trouves et y aller clandestinement. Dans le coin, le déguisement, c'est un maillot de bain déchiré à la touffe. »

Il en fut ébranlé.

« Comment as-tu appris tout ça sur le pays ? *Comment ?*

– Tu crois que tu es le seul à t'être baladé ? J'ai été Miss Sauce Cranberry en Nouvelle-Angleterre, Miss Glace et Soleil à Bouler, dans le Colorado, et Reine du sable sur les plages glacées de Californie.

– Tu me l'avais jamais dit.

– T'as jamais demandé, dit-elle. Lève-toi, on y va. »

Mais pour finir, ils n'eurent pas besoin de courir, vu qu'à la sortie ils trouvèrent Lazarus qui les attendait, assis dans le minibus. Après que John Kaimon eut mis la main sur une des toilettes (il y en avait trois, et celle qu'il trouva était à une centaine de mètres derrière le bureau de vente de Peter Thrift, accrochée à un camion dont le chauffeur avait manifestement perdu le reste de la maison) et se fut enfin soulagé, Lazarus fit ronfler le bus en direction de l'I 95. À sa façon de conduire, John Kaimon sut qu'il était en rogne.

« Écoute, dit-il. Écoute, tu n'étais pas obligé de venir. »

Lazarus regarda par la fenêtre et se mit à chanter l'une de ses pubs favorites : « *Tout au fond de vous, ce que vous cherchez, c'est la vérité. Coca c'est ça... la vérité. Coca-Co ho ho ho ho laaaaaaa !* »

Gaye Nell Odell était allongée sur le siège arrière du minibus. Elle ne bougea pas pendant que Lazarus descendait l'Interstate 95 à fond la caisse à travers la circulation.

« Pas la peine de faire la gueule, Lazarus », dit John Kaimon. Il était blessé par le comportement de Lazarus. Tu pourrais au moins parler. »

Mais Lazarus s'obstinait à chanter que ce que le monde voulait, c'était la vérité, et c'était ce que le Coca était : la vérité. Lazarus aimait les pubs, il ne les manquait jamais à la télévision.

Pour finir, d'une petite voix contrite à peine plus haute qu'un chuchotement, John Kaimon dit : « Je ne sais même pas comment tu es arrivé là. Bigre, Lazarus, c'était vraiment quelque chose de débouler ici comme ça. J'étais assis sur le lit en détestant l'idée d'avoir à rentrer, et puis je me lève, j'ouvre la porte, et là... bon, Lazarus était là. Je ne sais pas comment t'as fait ton compte, mais j'apprécie. » Il dit tout ça en regardant ses mains posées sur ses genoux, et quand il leva les yeux, il vit le visage de Lazarus dans la lumière du tableau de bord. Il s'était adouci. Il s'arrêta de chanter les vertus du Coca-Cola.

« Rien de mystérieux là-dedans, expliqua-t-il. Je t'ai vu grimper sur scène pour la rejoindre. » Du pouce, il désigna le siège arrière où Gaye Nell Odell ronflait doucement. « Et puis je t'ai vu entrer à l'intérieur. » Sa voix se faisait plus dure à mesure qu'il parlait. « Quand j'ai vu ça, je n'ai même pas attendu de voir le reste. Je *savais* que les lumières allaient s'éteindre. Je *savais* que la maison allait être démontée. » Son visage s'était de nouveau figé. Il frappait le volant chaque fois qu'il disait « savais ». « Je *savais* que Thrift avait une route ouverte pour lui. Et je *savais* où vous alliez finir. Donc, je n'ai pas attendu. J'ai fait demi-tour et j'ai couru à perdre haleine vers le dojo. »

Sitôt le dernier mot sorti de sa bouche, il se remit à chanter la gloire de Coca-Cola à pleins poumons. Après avoir quitté l'autoroute, ils s'arrêtèrent derrière un type en Buick et Lazarus passa la tête par la portière pour lui chanter son amour de la vérité. Le type en Buick fut si effrayé qu'il brûla le feu rouge. Et Lazarus en fit autant, démarrant en trombe juste derrière lui, la tête toujours dehors, beuglant que ce dont le monde avait besoin aujourd'hui c'était de la vérité. Mais la Buick en avait trop sous le capot pour le minibus, et en moins d'un pâté de maisons, Lazarus avait rentré la tête et ne chantait que pour Gaye Nell Odell, qui était toujours endormie sur le siège arrière, et pour John Kaimon, qui se disait que peut-être Lazarus avait fini par péter les plombs.

Quand ils se garèrent au dojo, Gaye Nell Odell jaillit du siège arrière et sortit sans un mot. John Kaimon posa la main sur la poignée de la portière, mais ne fit pas mine de sortir. Lazarus et lui restèrent assis un bon moment en silence.

« Qu'est-ce que tu essayes de faire avec cette fille ? »

John Kaimon voulait dire qu'il essayait de ne pas la bouffer toute crue, mais il se tut.

« Je pensais que tu avais appris, reprit Lazarus. Je pensais que tu étais l'un des nôtres.

– Je le suis », dit John Kaimon en essayant très fort d'y croire.

Quand Lazarus porta son regard sur lui, on pouvait y lire une vraie douleur.

« Tu n'as donc rien appris ? Rien du tout ? Tu ne sais pas que Belt ne pourra pas l'accepter ? Écoute, si tu veux te... te... (John Kaimon vit le mot se former sur les lèvres de Lazarus sans qu'il puisse se résoudre à le prononcer) ... te mettre avec une femme, alors trouve quelqu'un à l'écart du dojo. Tu as besoin... Je crois que je peux le comprendre. Tu n'es que ceinture blanche et tu es jeune. Mais bon Dieu, c'est la seule que Belt ait trouvée qui veuille rester avec lui, qui veuille aller au sommet de cette montagne dans l'Arkansas. Qui sera un jour ceinture noire.

– Je vais le faire, dit John Kaimon. Je vais rester loin d'elle. Je suis des vôtres. »

Lazarus se tourna vers lui, il avait retrouvé son air habituel. Il esquissa un geste pour le toucher, mais s'abstint. « Très bien, dit-il. Très bien, ceinture blanche. »

John Kaimon sortit du minibus, entra dans le module de Gaye Nell Odell et s'étendit sur son futon. Épuisé, il garda ses vêtements et ferma les yeux. Il sut tout de suite qu'il n'allait pas dormir. Tout son être était concentré sur le petit point de vie grossissant – agressé, certes, mais grossissant quand même – à l'autre bout de la pièce. Gaye Nell Odell, couchée sur le dos, les yeux fermés, respirait doucement.

« Tu dors ?

– Non », répondit-elle.

Mais elle n'ouvrit pas les yeux.

Il fixait son pull accroché à un clou sur le mur au bout du futon. Le visage de Faulkner avait fini par émerger. Son regard froid d'aluminium tombait juste sur lui.

« J'en ai rien à foutre de toi, lança John Kaimon.

– D'accord, dit-elle.

– Je veux juste que tu le comprennes.

– Je comprends.

– Tue-le si c'est ça que tu veux.

– Je vais m'en occuper, dit-elle. Tu n'as même plus à t'en faire.

– Je n'ai même plus à faire du tout.

– OK. »

Ils restèrent tranquilles. Il se sentait mieux. Il sentait qu'il pourrait peut-être dormir.

« Rappelle-toi d'une chose, reprit-elle. Tu peux essayer de le faire sortir de là quand tu veux. »

Il avait de nouveau les yeux grands ouverts. Ils fourmillaient d'une vision de lui-même microscopiquement petit, accroché à un mur rouge et subissant les attaques de quelque chose d'énorme. Mais il répondit d'une voix froidement impitoyable.

« Quand je serai prêt, je te le ferai savoir.

– C'est parfait », répondit-elle.

Il avait dû s'endormir, ensuite. Quand il rouvrit les yeux, la lune avait quitté la fenêtre. Il savait qu'il était probablement plus de minuit. Quelque chose de familier et d'étrange à la fois pesait sur ses sens. Ça lui courait dans les oreilles. Il avait l'impression de pouvoir le sentir. Il le sentait sur sa peau. Mais qu'est-ce que c'était ? Au nom du ciel, qu'est-ce que c'était ?

Il se tendit dans l'obscurité. Il ne pouvait la voir à l'autre bout de la pièce, mais il pouvait l'entendre respirer, entendre le soupir doux et régulier qui allait et venait dans la chambre. Il se tourna sur le côté, déterminé à ne plus prêter attention à quoi que ce soit. Et puis, il sut.

Il y avait quelqu'un dans la piscine. Le bruit lui arrivait dans l'air calme de la nuit, et, qui que ce fût, il pouvait le suivre dans les moindres détails. Les pieds nus glissaient sur la surface grumeleuse du bassin. Coup renversé. Le kimono claqua dans un parfait coup de pied renversé. Un saut. *Neko dachi.* Et dans l'air, le son doux et terrible de la plante du pied frappant la planche makiwara.

John Kaimon se leva. L'individu dans la piscine était apparemment seul, et il était si tard qu'il n'y avait même plus de circulation sur l'US 1. Il ouvrit la porte et sortit dans la cour. La bouche noire et vide de la piscine baillait vers lui. De là où il était, il ne pouvait apercevoir que le petit bain. Mais le son venait de sous la planche du plongeoir. Mort de trouille, mais avec toutes les apparences de la bravoure, il s'éclaircit bruyamment la voix, sauta d'une seule foulée sur le bord du grand bain et regarda au fond.

Il tournait le dos à John Kaimon. Le clair de lune oblique l'éclairait. John Kaimon toussa et tapa du pied. « Qu'est-ce que vous...? »

Le karatéka se tourna, poussa un *kiai* et offrit son visage à la lumière de la lune. Son œil gauche tressaillait dans son orbite, féroce et brillant de lignes de fractures blanches.

17

« Il est tard, dit John Kaimon en se sentant un peu bête.

– Il *est* tard, oui, confirma le ceinture marron borgne.

– Je m'appelle John Kaimon.

– Je suis un ceinture marron.

– Oui, je vous ai déjà vu.

– Et je vous ai déjà vu. »

John Kaimon avait ramassé son œil, ce jour-là, et le lui avait lancé. Le ceinture marron avait bondi sur ses pieds et l'avait salué. John Kaimon lui avait retourné son salut, un salut formel, et était retombé sur les folles avec une sauvagerie renouvelée.

« Je suis heureux de voir que votre œil n'est pas cassé, dit John Kaimon.

– Un œil de verre est plus solide que vous le pensez. »

Il était toujours en position, seule sa tête était prise dans le clair de lune et brillait.

« Oh, je sais qu'un œil fait de verre doit être très solide. »

Ils se dévisageaient. Ils ne semblaient pas avoir autre chose à se dire. Sauf qu'il était sorti pour voir ce qu'il pouvait bien faire dans la piscine de Belt au beau milieu de la nuit.

« Vous voulez descendre ? demanda le ceinture marron.

– Quoi ?

– Vous voulez descendre ? La planche makiwara est bonne pour certaines choses. Mais elle n'est pas chaude. Il n'y a pas de sang dessus.

– Non, il n'y a pas de sang dessus, confirma John Kaimon, en se demandant de quoi ils parlaient.

– Pour s'exercer au contrôle, il faut quelque chose avec du sang dessus. Descendez. Je veux juste donner quelques coups de pied. Quelques coups de poing. »

John Kaimon aurait bien voulu dire non, mais il ne savait pas comment. Il descendit dans le petit bain par les marches en ciment et arriva à l'endroit où le ceinture marron tenait toujours sa position de combat. Et avant que John Kaimon ne se fût arrêté, le ceinture marron l'atteignit au genou avec un *hizageri*, à l'entrejambe avec un *kin geri*, et enfin à la tête avec un *yoko keage*. Le pied du ceinture marron se tenait, raide et frémissant, sur la tempe de John Kaimon. Le pied était gris au clair de lune. Mais John Kaimon avait l'impression d'en sentir la chaleur – la chaleur dilatée et tendue des muscles – contre sa peau.

Le ceinture marron visa le long de sa jambe, là où elle se tendait, près de la tête de John Kaimon. Il ferma son bon œil et sembla mesurer sa cible avec l'œil aveugle, fracturé et plein de verre. Il ne cilla pas. Il n'avait pas cillé et il ne cillerait pas. Jamais. Un rêve de karatéka devenu réalité.

John Kaimon prit une profonde inspiration : « On m'a dit que vous viviez ici, avant. »

Le ceinture marron fit un mouvement brusque en avant et lui arracha la gorge, il tournoya et lui cassa le dos avec un coup de pied retourné, lui ouvrit la tête d'un *shuto uki* et finit par se tenir d'un pied dans sa cervelle pendant que l'autre fouillait jusqu'à la cheville dans ses tripes fumantes.

« Oui, répondit-il.

– Et je crois deviner que pour vous c'est un peu comme votre maison. »

Le ceinture marron lui arracha les couilles.

« Non, dit-il. Ça ne l'est pas.

– Mais pour venir comme ça au milieu de la nuit, dit John Kaimon. Vous devez...

– Belt ne me laisserait pas rester, pleura le ceinture marron. Il ne sait pas ! Il ne sait pas ! »

John Kaimon aurait pu jurer que l'œil de verre s'était soudain injecté de sang, les lignes blanches des fractures virant au rouge dans le clair de lune.

« Qu'est-ce qu'il ne sait pas ? » demanda John Kaimon en jetant un regard anxieux vers les marches en ciment, comme si quelque chose de violent et de dangereux était sur le point de les rejoindre dans la piscine.

« Les petites filles, siffla le ceinture marron. Les petites filles. » Il s'approcha de John Kaimon, agrippa sa chemise comme si c'était un kimono et la tordit en un étranglement. Il obligea John Kaimon à se tenir sur la pointe des orteils.

« J'ai été pris à serrer de trop près des petites filles.

– J'ai entendu ça, j'ai entendu ça », suffoqua John Kaimon.

L'œil mort était sur lui et il était bien injecté de sang. Ce n'était ni une illusion ni une couleur particulière des rayons de la lune. C'était du sang. C'était impossible, mais le verre fissuré contenait clairement des vaisseaux sanguins rompus.

« Et Belt ne voulait pas le croire, cria le ceinture marron. *Il ne voulait pas le croire !*

– Que vous les serriez de trop près ?

– Non ! La vérité. Il ne voulait pas croire la *vérité.* »

Il se pencha sur John Kaimon, l'œil sous tension. « L'haleine des petites filles fortifie les muscles, intensifie la circulation, développe l'endurance, dit-il en faisant rugir son souffle, et double la capacité du cerveau. C'est *ça* la vérité ! »

Et il relâcha John Kaimon.

« Pendant combien de temps avez-vous fait ça, serrer de près les petites filles ?

– Toute ma vie. Depuis que j'étais enfant. »

Il éleva son pied nu entre eux et le tint sous les yeux de John Kaimon pour qu'il l'examine. « Comment croyez-vous que j'ai eu ça ? » Le pied était gris, strié de callosités dures comme de l'acier. « *Comment croyez-vous que j'ai eu ça ?* »

John Kaimon ne répondit pas, mais il connaissait la réponse. L'haleine des petites filles s'était transformée en orteils capables de fendre soixante-dix centimètres de chêne. Une alchimie de l'esprit. La douce haleine des petits enfants avait été transformée par la volonté de ce petit homme gris en ce qu'il désirait qu'elle fût.

« Tu vois ? demanda le ceinture marron.

– Oui, dit John Kaimon. Je vois. »

Il se détourna de lui et se dirigea vers les marches en ciment. Il s'arrêta avant de les atteindre. Il se retourna.

« Merci, dit-il.

– Toutes les nuits, dit le ceinture marron. Toutes les nuits depuis cette histoire. Je viens ici à la piscine, exactement comment je le faisais quand je vivais là, avant qu'il ne découvre ce dont j'avais besoin… les petites filles, je veux dire. Je viens ici, à la piscine, et je cogne un peu.

– Ouais. D'accord. »

John Kaimon entendait le ceinture marron claquer la planche makiwara tandis qu'il retournait vers la chambre qu'il partageait avec Gaye Nell Odell. Elle dormait sur le dos, d'un sommeil calme et profond. Il ne savait pas l'heure qu'il était – encore loin du lever du jour, pensait-il –, mais l'obscurité s'estompait dans la chambre. Ses cheveux étaient lâchés et dispersés en boucles couleur métal autour de sa tête. Il alla tout droit à son futon et se tint longuement au bout.

« Ceinture marron », dit-il.

Elle ne broncha pas, il l'appela encore de la même manière et lui donna un coup sur la plante des pieds. Ce n'était pas un coup très violent, mais il n'était pas léger non plus. Elle se réveilla aussitôt. Il y avait assez de lumière pour voir ses yeux ouverts, sombres et distants.

« Je t'avais dit que je te préviendrais quand je serais prêt.

– Tu veux tenter le coup ?

– Oui, dit-il. Je veux tenter le coup. »

Elle portait toujours son maillot de bain. Le nœud toujours entre les jambes. Elle le défit.

« Enlève tout », dit-il. Délibérément, sans hâte, il ôta ses propres vêtements. « Sors de ce truc. Dégrafe-le. Enlève-le complètement. »

Elle attrapa le maillot par le V de la poitrine et le tissu se déchira lentement. Le bruit du nylon déchiré emplit la pièce. Elle se débarrassa d'un coup d'épaule de ce qui restait du maillot.

« Tu veux que je mette quelque chose sous mes hanches ? demanda-t-elle.

– Non.

– Ce serait plus facile si je mettais quelque chose sous mes hanches.

– Je vais te prendre comme ça vient », dit-il.

Il était nu, et elle attendait. Il se coucha avec elle. Elle s'ouvrit ; il entra. Il fut doux et calme. Il s'attendait à ce qu'elle proteste, mais elle ne le fit pas. Ses yeux étaient sombres et sans fond. Sa respiration lui soufflait maintenant dans l'oreille. Il adopta un rythme plus ferme. Il s'imaginait pomper de l'eau comme un gosse. Une pompe rouge avec une longue poignée courbe. Il s'imaginait pomper de l'eau pour faire boire les vaches. Un long pompage dans le frais crépuscule d'un soir d'été. Il pompait et pompait encore.

« Je sais ce que tu fais, finit-elle par dire, en éloignant sa bouche de son oreille. Comme tu ne peux pas l'éjecter, tu vas le broyer. Je peux tenir si tu peux. Broie-le ! »

Il se retira pour la regarder prononcer ces derniers mots. Ses lèvres étaient roses et bougeaient devant ses yeux. Il posa sa bouche sur la sienne. Ses lèvres étaient sèches. C'était la première fois qu'il les embrassait ; ses lèvres étaient chaudes et sèches. Il maintint sa bouche contre la sienne jusqu'à sentir de fines bulles d'humidité chaude. Il s'écarta.

« Je comprends, continua-t-elle. Excite-moi si tu veux. Ouvre-moi toute pour toi. Je comprends. »

Mais elle ne comprenait rien. Que dalle. Et il savait bien qu'il ne pourrait jamais le lui dire. Jamais.

« Pour la première fois de ma vie, je suis là où j'ai envie d'être, dit-il.

– Si tu veux le faire sortir en le broyant lentement comme ça, ça va prendre des heures, dit-elle. Ça peut prendre jusqu'à demain. Tu peux le faire ?

– Je suis exactement là où je veux être.

– Je travaillerai avec toi. Je te suivrai pas à pas. »

Il ferma les yeux et laissa son regard se porter au fond d'un soir tombant, à travers un champ d'avoine devenu soudain pourpre dans le soleil couchant, et regarda les vaches venir vers l'eau et la pompe où il pompait. Et les vaches continuaient d'arriver dans le soir qui ne s'assombrissait pas, qui n'avançait pas, les mêmes vaches continuaient d'arriver, et il se concentra sur elles en continuant de pomper.

Mais il se passa très peu de temps avant que les vaches ne se mettent à mugir dans leur pâturage. Leur haleine sentait l'essence. Leurs sabots se levaient, et c'était le couinement des pneus qu'il entendait. Les veaux ouvraient leurs mufles de ruminants, humides et tout gluants de lait, et les avertisseurs des voitures beuglaient et cornaient. Pour finir, une vache poussa un *kiai*, et le noir se fit, emportant l'avoine, le champ et même les vaches avec lui, laissant à la place le visage de Gaye Nell Odell, distinct et net dans la dureté des premières lumières du matin.

Leurs yeux se croisèrent, et il sut qu'elle pensait à Belt, dont ils avaient entendu le *kiai*. Il la regarda écouter les voitures qui encombraient maintenant l'US 1, et le bruit des coups contre la planche makiwara et le *flac ! floc !* de la chair contre la chair dans le bassin. Belt avait un élève et le faisait travailler. Elle avait les yeux plongés dans les siens et il ne se souvenait pas de l'avoir vue ciller.

« Cligne des yeux, dit-il.

– Quoi ?

– Cligne des yeux. Tu as dit que tu ferais tout ce que je fais.

– C'est vrai, je vais le faire.

– Alors, cligne des yeux. »

Elle le fit. Une fois. La sueur rendait son corps d'une couleur argent.

« Encore, dit-il. N'arrête pas. » Il sentit son corps se raidir. Mais ses yeux étaient sans défense, ses paupières frémissaient au-dessus des flaques résiduelles d'obscurité.

« C'est vrai, hoqueta-t-elle. Fais-moi renoncer. Renoncer à tout pour toi. Ouvre-moi et écrase-moi. »

Il l'embrassa à nouveau, et elle s'accrocha à lui comme un nageur qui se noie. Ses lèvres roses étaient tout enflées. Elles brûlaient les siennes.

« Que fait un croyant quand il n'y a plus rien à croire ? » demanda-t-il.

Elle ne répondit pas. Apparemment, elle en était incapable. Elle avait les lèvres ouvertes. Il voyait l'intérieur de sa bouche aussi douce que vulnérable. Son souffle était chaud sur son visage. Son souffle. Un souffle de femme-enfant. Qui pouvait quelque part transformer la chair en acier. Qui pouvait quelque part fendre du chêne, écraser des os. Tout ce qu'il fallait, c'était y croire. Il l'avait vu, et il le savait. Et il savait aussi qu'il ne croyait pas. Le souffle des petits enfants allait quitter sa propre chair.

La foi pouvait se voir dans des yeux de verre, pouvait transformer la chair en pierre ou la pierre en chair. Mais pas pour lui. Il marcherait nu à travers le monde. Il saignerait et serait meurtri. Il le voyait clairement.

Un sanglot rageur lui prit la gorge, et il se détourna d'elle pour qu'elle ne le vît pas. Sur le mur d'en face, là où son pull pendait à un clou, le regard d'aluminium de Faulkner tomba sur John Kaimon.

« Un camion de poulets peut tuer Faulkner, dit-il. Et il peut aussi tuer Belt.

– Oui, oui. »

Et elle l'attira encore plus près d'elle.

Et pour des raisons qu'il ne comprendrait jamais vu qu'il n'était pas du genre religieux, il pensa au Christ et au nombre de clous à vingt cents qu'il avait fallu pour l'épingler, hurlant et sanglant, à la croix. Seule la foi pourrait un jour le faire redescendre.

Il prit une profonde inspiration. « Je ne crois pas... ne crois pas... ne crois pas qu'une pilule puisse jamais se transformer en fraise sur la langue de quiconque. »

Ses mains caressèrent son visage. Ses affreuses articulations estropiées se pressèrent tendrement contre ses lèvres.

« Ouvre-moi, Dieu, ouvre-moi ! implorait-elle.

– Et toi non plus, dit-il. Et toi non plus. »

Ses articulations caressaient doucement sa bouche. Il les embrassa. Elle les tenait là. Et quand il parla, ce fut contre ses articulations. « Je ne crois ni dans le pays ni dans son drapeau de vingt kilomètres de haut. Je ne crois pas au Mississippi. Je ne crois pas au président et à sa tragédie. »

Elle pleurait, mais ses yeux restaient solidement rivés aux siens. Ses lèvres bougeaient sans qu'il puisse rien entendre.

« Mais je crois en toi.

– Oui, dit-elle.

– Et je crois que tu peux avoir mon bébé. »

Elle ne répondit pas, mais dans la lumière dure du matin, elle s'agrippa à lui sur le futon où ils étaient enlacés.

18

Mavis se pointa ce matin-là avec un journaliste. Il était du bureau de Broward County du *Miami Herald*. Gaye Nell Odell les vit à travers le store vénitien, debout près de la piscine, parler avec Belt.

« Mavis est là », dit-elle.

John Kaimon ne répondit pas. Il finissait d'enfiler les vêtements et les sandales de Lazarus. Il vint se poster à la fenêtre, à côté d'elle.

« Il y a un journaliste avec elle, continua-t-elle. Je le connais. Il couvre les concours pour le *Miami Herald*.

– Allez, dit-il, ne pense plus à toute cette merde.

– Tu es prêt ? » demanda-t-elle.

Il avait sa main sur son coude, et ce n'était pas ce qui la retenait, mais il la sentait comme un poids contre son envie de bouger. Elle regardait son pull Faulkner qui pendait toujours à son clou au-dessus du futon.

« Tu as bien tout pris ? demanda-t-elle.

– Allez », répéta-t-il.

Il ouvrit la porte et la fit avancer. Il sentit la violence palpable du soleil s'en prendre à son crâne nu. Comme ils marchaient vers la piscine, ils entendirent la voix aiguë, presque en colère, du journaliste. C'était un jeune homme grand et maigre, dont le visage était très rouge sous les bords de son panama. Un appareil photo pendait à son cou par le truchement d'une lanière noire.

« Belt ? demanda le journaliste.

– Belt », confirma Belt.

Au fond de la piscine, plusieurs vieux attendaient.

« Belt comment ? demanda le journaliste.

– Juste Belt, répondit Belt.

– OK. On va y arriver. Justin Belt. Belt, c'est le nom. »

Le journaliste s'était mis à écrire sur son bloc.

« Non, dit calmement Belt. Belt, un point c'est tout. Seulement Belt. Nom et prénom. »

Le journaliste s'arrêta d'écrire.

« Belt ?

– Belt.

– Vous voulez dire comme Fabian ou Donovan ? demanda le journaliste, dont le visage s'éclaira.

– Non, dit Belt. Pas comme eux. Comme personne.

– Gaye Nell Odell m'a parlé de vous », intervint Mavis.

Belt joignit ses mains sur sa poitrine et lui adressa le bref et formel salut de karaté.

Mavis se tourna vers Gaye Nell Odell et John Kaimon, qui se tenaient sur le bord de la piscine. « Je l'ai amené », dit-elle en souriant au journaliste. Elle se tourna vers Gaye Nell Odell.

« On peut encore sauver quelque chose. Il était là hier soir. Il a vu comment ça s'était passé.

– J'étais en plein milieu, dit le journaliste en matant la poitrine de Gaye Nell Odell.

– Il a vu que tu aurais dû gagner, dit Mavis.

– Vous auriez dû gagner, confirma le journaliste en levant son bloc-notes.

– Voici John Kaimon », dit Gaye Nell Odell.

Elle tendit la main, toucha presque sa mère.

« Et voici Mavis Odell.

– Je m'appelle Pascal Shortridge », se présenta le journaliste en prenant la main de John Kaimon.

Il l'attira d'un demi-pas vers lui et examina sérieusement sa tête. « Dites, vous avez un sacré coup de soleil. »

Ils le regardaient tous. John Kaimon se sentit obligé de répondre.

« Oui, dit-il.

– Vous vous êtes rasé la tête ? demanda Shortridge.

– Oui. »

Le journaliste leva son bloc et écrivit.

« Vous écrivez ça ? demanda John Kaimon.

– Oui. Ça fera bien dans l'article. »

Du bout de son crayon, il désigna les vieux au fond du bassin.

« Qu'est-ce qu'ils font là ?

– Si cet avion n'était pas apparu, dit Mavis, le numéro vingt-trois aurait gagné haut la main. »

Elle cogna du poing l'épaule du journaliste.

« Vingt-trois, reprit-elle. Écrivez ça, si vous voulez écrire quelque chose.

– Il y a des mauvaises herbes, dans cette piscine », dit le journaliste.

Ils se tournèrent pour voir l'endroit qu'il désignait. « Dans les failles sur le bord, dit-il. De l'herbe. » Il l'écrivit sur son bloc. « C'est un bon début pour l'article. De l'herbe dans la piscine. »

Lazarus avait surgi derrière Belt. Il était nu jusqu'à la ceinture, vêtu seulement de son pantalon de karaté. Mavis le regarda fixement.

« Gaye Nell Odell m'a parlé de vous. »

Lazarus disposa ses mains exactement comme Belt l'avait fait et s'inclina en un salut de karaté.

« Vous êtes sa mère, dit-il.

– Enlevez-moi cinq ans et vous ne pourrez pas nous différencier », dit Mavis.

Sa fille et elle se ressemblaient extraordinairement. Mais elle était plus épaisse des bras, de la poitrine et des cuisses. Elle portait une minijupe à sequins qui attrapaient et retenaient la lumière du soleil comme de tout petits miroirs.

« Je suis désolé, dit Belt. Mes élèves m'attendent. Il faut que j'y aille. »

Mavis tendit le bras et attrapa Belt par l'extrémité de sa ceinture noire. « Vous me prendriez avec vous ? »

Quelque chose qui ressemblait à de l'horreur étincela dans les yeux de Belt. Il regardait les mains qui le tenaient toujours par le bout de la ceinture. Deux taches brillantes de couleur apparurent haut sur ses pommettes.

« Vous prendre où ? finit-il par demander.

– Dans cette piscine, dit Mavis.

– Mère ! » cria Gaye Nell Odell, comme si Mavis avait soudain dit quelque chose d'obscène.

Mavis esquissa un petit sourire. « Je sais maintenant pourquoi tu viens ici, dit-elle à sa fille, et pourquoi tu as toujours aimé cet endroit. J'aurais dû venir avec toi pour voir ce qui s'y passait. » Elle se tourna vers Belt. « Gaye Nell a déjà essayé de m'amener au dojo, mais je n'ai jamais voulu. »

Le journaliste avait l'œil dans son appareil, il réglait l'objectif, essayant de saisir Belt et Mavis dans le même cadre. Mavis s'en aperçut et se rapprocha de Belt, qui semblait s'être transformé en pierre, le visage toujours aussi contraint.

« Condition physique et tonicité musculaire, dit Mavis en souriant à l'appareil photo. Une peau luisante, juvénile. » Elle désigna Lazarus. « J'ai déjà vu des hommes d'un âge avancé en bonne forme, mais ça, c'est ridicule. » Elle se tourna pour toucher le bras de Belt.

« Sous cette veste, vous êtes probablement aussi ridicule, vous, ce magnifique morceau d'homme, juste glissé dans un corps de seize ans.

– Écoutez, écoutez ! cria le journaliste, l'appareil toujours vissé à l'œil, et qui mitraillait au hasard avant de l'écarter brusquement. Écoutez, c'est un grand papier, juste une sacrée bonne histoire que nous avons là. Bon Dieu, je vous vois déjà étalés sur une double page du *Sunday Magazine.* »

Lazarus s'interposa entre Belt et le journaliste. « Le maître ne veut pas être étalé sur une double page du *Sunday Magazine.* »

Le journaliste s'éloigna de lui. « *Tout le monde* veut être étalé sur une double page du *Sunday Magazine.* Maintenant, laissez-moi voir comment je peux arranger ça. » Il ferma les yeux et se pinça l'arête du nez entre le pouce et l'index. De l'autre main, il désigna Belt.

« Bon, Mavis dit que la nuit dernière vous avez été engagés pour assurer la protection de Peter Thrift.

– C'est exact », cria Mavis.

Il leva les mains au-dessus de la tête et les fit descendre en piqué en face de lui. « Et l'avion est tombé. » Du fin fond de sa gorge, il produisit un bruit d'explosion. Il ouvrit les yeux. Tout le monde le regardait. Même les vieux au fond du bassin s'étaient approchés et regardaient le journaliste comme s'ils étaient en transe. Il cligna de l'œil.

« Et le rêve de tous s'est crashé avec l'avion.

– Exact », cria Mavis.

John Kaimon fit soudain un pas vers le journaliste. Il tenait Gaye Nell Odell par la main et la tira avec lui. « Ceci, dit-il d'une voix contrôlée, est une foutaise intégrale. »

Le sourire du journaliste s'affaissa de dix bons centimètres.

« Ce genre d'attitude fait fuir les bons articles du journal. Nous ne sommes pas en train de parler de ce que vous pensez. Ici, nous sommes en train de parler du *Sunday Magazine*.

– Mais aucun rêve ne s'est crashé avec cet avion, dit John Kaimon. Mon fichu rêve ne s'est pas crashé avec cet avion. »

Il se tourna vers Gaye Nell Odell. « Est-ce que ton rêve s'est crashé avec cet avion ? » Elle ne répondit pas.

« Le seul rêve qui s'est crashé avec cet avion, c'est celui du pauvre connard qui était dedans. Lui, il s'est crashé avec l'avion. Mettez ça dans votre maudit *Sunday Magazine*.

– Écoutez, reprit patiemment le journaliste, je couvre tous les concours pour le *Miami Herald*. Toutes sortes de concours. Des concours de mangeurs de pizzas, des concours de gonflage de ballons. Au cours de ma carrière, j'ai vu des gens avaler des huîtres attachées à un fil, manger des lames de rasoir, s'asseoir sur un mât – pendant un an, j'ai même suivi un type qui a mangé toute une Volkswagen, d'un pare-chocs à l'autre, couverture des sièges et tout – et je peux vous dire une chose : un concours reste un concours jusqu'à ce que vous ayez trouvé un angle.

– Vous avez déjà trouvé l'angle de celui-là ? demanda Mavis.

– Vous ne restez pas longtemps au *Miami Herald* si vous ne trouvez pas rapidement un angle.

– Donc, vous l'avez ? dit Mavis.

– On va revenir à la plage, dit le journaliste. La scène est toujours en place. Ils ont enlevé les vestiaires, mais la scène est toujours là. Je vais mettre Gaye Nell Odell sur scène en maillot de bain une pièce noir, et je mettrai Belt avec elle. »

Il tapota son appareil photo.

« Et je vais les photographier avec la queue de l'avion derrière eux. Ensuite, on reviendra ici, on les mettra dans le fond de cette piscine et on les photographiera encore.

– Avec moi au fond aussi, insista Mavis.

– Parfait, cria le journaliste, et on va dire que vous vous entraînez pour le concours de Mme Amérique.

– Je m'entraîne *vraiment* pour le concours de Mme Amérique, affirma Mavis en faisant rapidement quelques flexions des genoux dans sa minijupe serrée couverte de sequins.

– Et ils vous gardent, au journal, pour trouver des angles comme celui-là ? dit John Kaimon.

– Qu'est-ce qui cloche, chez vous ? renchérit Lazarus. Qu'est-ce qui vous prend ? »

Le journaliste les ignora tous les deux et se concentra sur Belt. « Cette plage ressemble à une plage qu'on aurait bombardée. Imaginez une photo de vous sur scène au milieu de cette plage ruinée. Dans le *Sunday Magazine*. Personne ne va se demander si vous étiez là pour la protéger. Ils ne vont voir que votre *look*. Ça va faire une photo hallucinante. » Il s'approcha de Belt. « Publicité. Vous allez avoir plus d'élèves que vous ne pouvez en prendre. »

John Kaimon poussa un grognement.

« Gaye Nell Odell et moi, on va à la cuisine. On n'a pas encore pris notre petit déjeuner.

– Vous, vous n'allez pas nous manquer, dit le journaliste, mais renvoyez-la-nous.

– Bien sûr », dit John Kaimon.

Il prit Gaye Nell par la main et ils s'éloignèrent.

Mais il ne s'arrêta pas à la cuisine. Il la dépassa et s'engagea sur le petit chemin entre les deux chambres du fond jusqu'à la parcelle de verdure où était garé le minibus. Il ouvrit la portière, s'allongea par le travers du siège et fourra la tête sous la colonne de direction.

« Qu'est-ce que tu fais ? demanda-t-elle.

– Ça s'appelle voler le minibus de Belt.

– Voler ?

– Il y a deux petits fils là-dessous qu'on peut croiser, et on n'a plus besoin de clé.

– Tu ne peux pas remercier Belt pour ce qu'il a fait pour toi en lui volant son minibus. Il n'ira pas avec le journaliste. Tu n'as pas à t'en faire pour ça.

– On va laisser le minibus sur la plage. Il le trouvera. »

John Kaimon lui lança un regard par-dessous le volant. « Belt veut aller en haut de sa montagne. S'il le désire assez fort, il nous fera tous monter sur cette putain de scène pour prendre cette photo. Je ne sais pas vraiment ce qu'il va faire. Tout ce que je sais, c'est que Pascal Shortridge nous tourne autour avec son appareil et son bloc-notes. Et je fiche le camp. Monte. »

Ils filèrent de la parcelle de verdure et foncèrent dans la circulation de l'US 1. Personne ne les remarqua quand ils passèrent devant le Sun'N Fun Motel. Mavis était en train de suivre Belt au fond de la piscine. Gaye Nell Odell lui fit signe. Mais Mavis ne leva jamais les yeux de là où ils étaient rivés, sur le dos de Belt qui descendait dans la piscine devant elle.

MIXTE
Papier issu de
sources responsables
FSC® C003309

Les papiers utilisés dans cet ouvrage
sont issus de forêts responsablement gérées.

Imprimé en France
par Normandie Roto Impression à Lonrai s.a.s.
N° d'impression : 1901856